Petits Essais de Politique & de Philosophie selon l'Ethique. — N° 1.

LA

QUESTION NAPOLÉONIENNE

NI LA GUERRE, NI LA LIBERTÉ

par

Charles MORARD.

*La Raison demeure dans les choses
malgré la déraison des personnes.*

Mars 1864.

PARIS

E. DENTU, Libraire-Éditeur

GALERIE D'ORLEANS, PALAIS ROYAL.

—

1870.

A LA MÉMOIRE

DE

P. J. PROUDHON

L'ami profond de la Vérité,

L'ardent apôtre de la Justice,

Le grand écrivain,

L'honnête homme.

PRÉFACE.

Orléans, le 21 mars 1870.

Lorsque cet opuscule fut écrit, pendant l'hiver de 1863-64, j'entretenais l'illusion de le pouvoir publier aussitôt. A la tribune retentissaient les plus véhéments témoignages d'un respect scrupuleux du droit de la Pensée, les plus solennelles assurances pour la légitime liberté d'écrire. On appelait officiellement les citoyens à l'initiative de l'Opinion, les gourmandant d'une abstention ou d'une indifférence que les ministres déclaraient aussi nuisible au pays qu'au pouvoir. Les citoyens qui pensaient devoir s'abstenir dans les élections enchaînées, devaient penser être obligés de se produire dans le Conseil public invoqué de cette façon. On disait ne s'opposer, par devoir, qu'aux hostilités systématiques, coupables ; aux écrits incendiaires à l'aide desquels *les partis ennemis* tenteraient de mettre le feu à la France. Mais les œuvres sérieuses, réfléchies, nées des inspirations de la Conscience, quel culte pour elles ! Lui fussent-elles contraires de raison (ce qu'il ne pouvait pas admettre), on aurait dit que ce gouvernement, en vérité, ne demandait qu'à leur faire faire prime.

Paroles et piéges. Ce qu'il comportait, et tolérait, encoura-
geait réellement, à côté des organes ses affidés, c'étaient le
langage et les doctrines des « anciens partis » bien qu'ennemis. Tout ce qui avait vécu dans le passé, tout ce qui avait été
condamné, détruit du moins par l'histoire, pouvait parler, revendiquer. La longe était lâchée plus ou moins loin, parfois
très-loin, selon l'occurrence, la spéculation, le besoin. Le pouvoir tenant s'en prévalait.

« Vieux neuf! disait-il. Vieux galons, vieux habits, vieilles
bêtes ! Je tiens tout cela. La France l'a connu, réprouvé. Elle
n'a pas pu le supporter. Ces anciens partis sont toujours les
mêmes, voyez. Tous réactionnaires contre l'Empire... l'empire
du peuple ! C'est une concurrence de défroques et de... *charo-
gnes*. Il faut que l'on s'en tienne à moi, moi qui veux si sincèrement le progrès et la liberté, pourvu que l'on soit sage, que
l'on s'entende sincèrement avec moi. Cherchez le juste, trou-
vez le nouveau, dites tout ce que vous pouvez. Mais, sans moi,
révolutions, désordres, pillage et anarchie comme devant. »

La France pillée, se voulant racheter enfin de tout pillage,
était dans des ébahissements, des transes et des terreurs sans
nom, propices. Le pouvoir tirait les ficelles, mouvait les trap-
pes : les spectres décharnés jouaient aux yeux du pays souverain, comme devant Charles VI, le roi fou.

Quant aux idées nouvelles, à la logique démocratique, impartiale ; quant aux inspirations désintéressées même du
règne et de ses suites ; quant aux observations critiques et positives, indépendantes mais studieuses, véritablement conséquentes, le pouvoir ne s'en servait pas. Non-seulement ! Quoi
qu'il eut dit, il empêchait qu'on s'en servît.

Cela ne l'a pas empêché lui-même de tomber aux mains

des anciens partis. Cela en définitive l'a livré, au contraire, à ses propres fantômes, en le convertissant à eux bien plus qu'ils ne se sont à lui convertis. Et c'est la plus humiliante réprobation de son ministère précédent que d'avoir si vite, si pleinement cédé, malgré ses constantes dérisions, à ce qu'il avait le plus condamné. Rien de nouveau ne s'y était joint, excepté l'opinion publique désaffectionnée plus encore des dernières années que des souvenirs flétris et diffamés du temps passé.

La Parole, paraît-il, n'avait été donnée à cet exercice trop tard terminé que selon la scandaleuse maxime de M. le prince de Talleyrand. Et l'imprimerie, qui jusqu'alors avait été considérée comme la Grande Émancipatrice du génie humain, était devenue à ce souffle corrompu le principal agent de l'oppression déguisée et de l'obscurantisme hypocrite, accomplissant leur Inquisition de ténèbres en pleins rayons de la Démocratie. Taches du Soleil !

L'esprit de parti ne contrariait guère, au gré de leurs déclamations, ces praticiens politiques, hommes d'État au jour la journée. La simple conscience les épouvantait. Par les appels que sournoisement ils lui faisaient en lui cachant la sollicitude à l'éveil de leurs séides bien gagés, ils n'avaient en vue que de la dénoncer, la surprendre ou la décourager, la lasser. Ils n'invoquaient que des corrections, non à subir, mais à lui infliger.

Voilà pourquoi la présente brochure, longtemps et de toutes parts entravée, n'apparaît au public qu'aujourd'hui.

Aujourd'hui c'est chose différente. Une « révolution pacifique » est accomplie, dit-on. Elle serait loyalement reconnue, autant qu'elle avait été ardemment désirée... Que l'on tourne en mérite, avec courtoisie, une résignation forcée, pour vaincre mieux et plus commodément des résistances machiavéli-

ques; que l'on veuille supprimer en douceur les sourdes diffi-
cultés, les hautes et haineuses rébellions; ou bien que l'accord
inattendu, miraculeux, se soit effectivement consommé; toujours est-il que c'est différent, certainement en tout contraire
aux précédents, et par l'esprit et par les hommes, par les sujets
et par l'objet.

« Nous voulons tous *donner* à notre pays un gouvernement
« honnête et libre, pacifique et populaire. Commençons par
« en pratiquer les conditions essentielles, » a dit M. Daru
le 22 février. Avec ce « gouvernement d'honnêtes gens, »
il sera permis de discuter honnêtement, sans réticence mal-
séante ni malveillante arrière-pensée, sans réserve injurieuse
ou perfide, sans hostilité, mais à fond. N'est-ce pas un bénéfice pour chacun? Pour le pouvoir qui, ne se prétendant plus
infaillible aura le bon sens de profiter de tout en s'assimilant
ce qu'il faut; qui veut être mieux éclairé, mieux servi; qui
demande critique et concours, examen avec indulgence et confiance avec contrôle; et pour les citoyens qui, de leur côté, doivent penser, vouloir, demander tout autant?

Certes, l'on ne peut pas méconnaître le profond rasséré-
nement des esprits, le soulagement des consciences, qui suivent la chute d'un ordre public où tout était leurre et trompe-
l'œil, corruption et compression, escobarderie et cynisme;
où la liberté tant prônée n'était qu'une mortelle amorce,
la tolérance un dangereux traquenard, toutes les doctrines
et les pratiques une machination de l'arbitraire et de la
force, une contemption de la Raison, du Droit, de la Loi
souveraine.

Et cependant, au milieu de la désorganisation spirituelle et
morale où nous avons été conduits; dans l'accoutumance où

nous sommes de voir exploiter grossièrement les sentiments et les idées aussi bien que les intérêts, nous avons perdu le sens pratique et le précieux tact des situations. Les plus favorisés au profond changement qui s'opère sont ceux qui semblent s'y reconnaître et s'en accommoder le moins, qui le combattent et l'entravent le plus. Tous les jours je remarque que l'on fait ainsi le contraire de ce que l'on entend faire, de ce que l'on se propose en objet. Heureusement pendant que des démocrates dépistés font la voie de l'autorité ennemie, les gens de celle-ci, ahuris, y sonnent l'appel de la démocratie. Les radicaux de la liberté, en haine du modérantisme libéral, étoufferaient ce radical de liberté, si les absolutistes autoritaires, en haine de cette autorité légale, n'étouffaient pas l'autorité qu'ils servent si mal.

Pour moi, j'applaudis tout d'abord à la Révolution de l'honnêteté, à la réhabilitation de l'opinion : je l'encourage de tous mes vœux. Je crois qu'il convient de faire triompher au préalable, comme il faut, au moins l'œuvre usuelle du génie de l'honnêteté, si nous ne pouvons déjà celle du parfait génie de la démocratie. Ah! le génie parfait de la Démocratie! Où est-il donc? Qui le représente? Point né encore. Son corps se forme, et n'est pas encore digne de lui. D'ailleurs il ne peut s'incarner en personne; il veut que tout le monde soit à lui, il doit être le partage de tous.

La Révolution de l'honnêteté était, en attendant, urgente; la première nécessaire et la plus favorable du reste à la préparation démocratique, comme la plus contraire, la plus immédiatement praticable contre le régime qu'elle détruit.

Je me suis bien profondément étonné, le jour de ce qu'on a appelé la conversion de M. Émile Ollivier, et de ce qui n'était à mes yeux que l'évolution logique de la politique du serment généralement adoptée par le parti de l'opposition officielle, de voir les démocrates déchaînés se répandre en implacables haros sur le renégat, le vendu, l'hypocrite, le traître etc. Il faut à certains démocrates ingénus des prêtres et des fétiches toujours, ainsi qu'à de vrais idolâtres. Il leur faut des noms adorés, des impeccables magisters, des rois types d'eux et crus fidèles, comme il en faut à des sujets et des croyants. Libres par les aspirations, les théories, ils ne savent l'être par leur conduite et leur jugement. Ils sont restés de nature serve comme les hommes de parti, affranchis de volonté, liés de foi, corrompus des mœurs nées de l'esclavage, constamment opprimés d'idées fausses et inféodés de conscience.

Qu'importe à la Démocratie formelle qu'un homme la quitte ou lui demeure? Peut-elle être trompée et trahie? Est-elle un produit de l'arbitraire, un système de convention, relevant de l'aveu de quelques-uns, dépendant de l'accord de tel ou tel? N'a-t-elle pas sa destinée de raison, par nécessité de nature? Quelle manière de l'honorer et de la servir utilement, que de la traiter ou d'en parler ainsi que d'une amante déconvenue, d'une maîtresse délaissée! Et quelle politique vraiment? Se plaindre, montrer une telle misère, une si honteuse faiblesse, un si pitoyable abandon! donner la joie aux ennemis, ranimer leur haineux courage; jeter le trouble dans la famille, le désenchantement, la stupeur, l'énervante défiance, l'impuissante colère!

Même avec cette idée étroite d'une démocratie dépendante, il fallait raisonner, agir autrement. Si M. Ollivier trahissait inopinément la cause et répudiait son programme, il était utile de le connaître. Sa perte devenait un profit. Il n'y avait qu'à remplacer cette personnalité amoindrie par une personnalité meilleure tirée du fond commun épuré, mieux éclairé, mieux instruit et plus rassuré. Les rangs serrés vont mieux à la victoire après les désertions effectuées.

Si au contraire M. Émile Ollivier apportait au pouvoir son programme lié à son serment au service constant de la cause, il fallait attendre pour juger, et, tout en s'abstenant de s'engager comme lui, bénéficier en attendant des ressources et des facultés qui devaient provenir de son fait. Il ne pouvait être pareil à ce qu'il allait remplacer, étant ainsi sans raison d'être. Sa raison d'être l'obligeait à l'inverse ; elle le condamnait au progrès. Il y avait donc gain positif. Sincère ou non, qu'importait l'homme en soi à la France ? L'homme promouvait l'esprit de la France ; il fallait adopter celui-ci, le cultiver et le développer. C'était là de la politique salutaire : on s'attarde en une polémique irritante, pernicieuse.

Mais, dit-on, le programme d'un *Empire libéral* comporte deux termes incompatibles... Mon opinion est telle aussi : « empire autoritaire, » pléonasme ; « empire libéral, » contradiction.

Je pense aussi qu'on ne peut pas plus sainement conserver au milieu des vivants les restes d'un gouvernement que le cadavre d'un individu. Je sais qu'une autorité ne se restaure point sans respectabilité ; qu'on ne confère point une respectabilité nouvelle au pouvoir qui s'est condamné.

L'amour ne refait pas une virginité.
L'abandon ne rend pas la popularité.

L'événement prouve aujourd'hui que l'Empire, rendu si fort par le suffrage universel , ne possédait aucune force ni n'a su se douer d'aucune puissance intrinsèques, et que l'histoire le devra juger « Une impuissance dans la force : — Le gouvernement de l'ignorance, l'ignorance du gouvernement. »

Je sais que la France veut enfin échapper à cette impuissance comme elle veut échapper aux révolutions de l'ignorance. Je sais que le trouble présent, la suspension si prolongée des affaires, les maux insupportables qui en résultent, au milieu d'une situation régulière, à la suite (non plus à la veille !) d'élections générales où le vœu public exprimé eût dû revivifier la confiance, rétablir la sécurité, comme il garantit l'ordre et la paix, s'il était scrupuleusement écouté ; je sais que ce trouble et ces maux ne proviennent point du remuement des « mauvaises passions » accusées, lesquelles tout au contraire en naissent et sont d'ailleurs réduites en plan par l'effet du droit populaire. Ils ne proviennent effectivement que du désaccord qu'il y a entre un état de fait obligé, des exigences devenues obligatoires, et un *principe* basé sur des dispositions antagoniques, avec des institutions résistantes qui sont pour la nation active comme une camisole de force. La constitution dite progressive et le régime dit promoteur n'ont point le don de la perfectibilité ni le goût de la transformation. Notre *révolution pacifique* est en face d'un ordre de combat et d'un caractère guerroyant. Tout gouvernement qui s'est constitutionnalisé s'est par le fait condamné à mort, sa constitution épuisée ; pourtant ses amis résistent aux conséquences de sa mort. Voilà la véritable cause de notre crise.

La constitution étant perfectible, l'Empereur, auparavant seul responsable, étant demeuré responsable, à qui la faute si les changements que réclame la souveraineté reconnue, que la nécessité commande, s'opèrent avec tiraillements, sont arrachés avec douleurs ? A qui la faute si le réveil que nous avons ressemble à celui que l'on fait après une affreuse nuit de lourds cauchemars ? A qui la faute si la Justice, qui est le plus grand bien des nations, s'accomplit aujourd'hui de telle façon qu'elle paraît le plus grand mal ? A qui la faute si le pays mécontent, inquiet, après une retenue si longue, une attente si favorable dans une passivité si grande, se sent pris de défiance et de soupçon, commence à craindre de trop compter sur la stabilité des choses qui auront été imposées, lorsqu'on n'a pas su respecter celles auxquelles on s'était précédemment juré, non plus que celles qu'on avait soi-même ensuite créées ? A qui la faute s'il prend ombrage des renoncements mêmes que l'on prononce, quand il voit que l'on renonce si mal qu'on prétend ne rien renoncer, qu'on a l'air de ne céder que par contrainte à « des désirs immodérés », à ces *méchants* victorieux qui, disait-on, devaient *trembler*, tandis que les *bons*, maintenus à portée, font obstacle, restent pourtant les meilleurs amis et paraissent être *rassurés* ?...

Je sais, dis-je, que tout cela pèse sur la situation, l'écrase ; que ce sont des raisons invincibles. Mais c'est ce qu'il fallait exposer par démonstrations didactiques, sans hostilité pour autant, au lieu de proclamer sommairement une irréconciliabilité passionnée qui pût être imputée à parti pris.

La politique de l'opposition officiante avait rassemblé les deux termes incompatibles sans souci de leur incompatibilité. Ses journaux, dits démocratiques, ont combattu avec fureur tous ceux qui ne s'y rendaient pas. Qu'on se souvienne des *réfractaires* traités par les *assermentés !* Il aurait donc été juste de reconnaître que M. E. Ollivier était le seul « opposant assermenté » logique, le seul politiquement honnête dans la donnée de l'assermentation.

Et puis, entre ces termes incompatibles les démocrates craignaient-ils de voir le vrai gagné du faux, et la liberté juste qu'exige la France infuser une vie nouvelle au despotisme qu'elle repousse ? Ils eussent donc dû tenir compte de ce programme en en alimentant le terme utile, au lieu d'accabler ses tenants et d'aider par diversion la partie antagonique, dont M. Ollivier et les siens ne sont certes pas les favoris, et dont les intrigues ne s'entretiennent plus que des maladresses qu'on commet. On sert ce que l'on veut détruire, au détriment de ce que l'on veut édifier ! Les plus grands embarras du ministère libéral proviennent certainement aujourd'hui de l'attitude prise contre lui par l'opposition avancée : il le sent bien, le fait comprendre s'il ne peut le dire ouvertement. Mais comme rien n'est sans compensation, l'antagonisme inconsidéré de ceux sur lesquels il aurait dû surtout pouvoir compter lui vaut un concours plus nombreux de ceux qui, sans cela, lui étaient opposés : les radicaux incontinents seront dupés, du moins en leurs espoirs prochains, en leur radicalisme trop précoce, grâce à la faute qui n'est qu'à eux.

L'incompatibilité des termes ministériels n'est pas ce qui justifie leur conduite, puisqu'ils n'en ont point fait ressortir le sens logique. Est-ce que la Démocratie entière ne se compose pas maintenant de termes qui sont incompatibles ? Est-ce qu'elle n'est pas encore, hélas ! incompatible avec elle-même ? Mélange de foi et de raison, d'égoïsme et de dévouement, dénuée d'ensemble, elle n'a pas encore sa Morale, sa Philosophie, sa Synthèse, c'est-à-dire qu'elle n'est pas faite, qu'elle ne possède pas son unité. Ses adversaires s'en gaudissent, ne voyant pas qu'elle se forme d'autant que leur monde se défait. Mais son mal présent, transitoire, est dans ses incompatibilités à résoudre, ses absolutismes à châtier.

Il me semble contempler en elle une foule immense sur la grande route. Tout le monde y veut prendre la tête et saisir le commandement pour la conduire au but lointain. Mais la colonne n'est pas formée, la distance n'est pas calculée, les étapes sont ignorées. Et les uns disent en s'agitant : La route est longue ; le but nous presse, il faut marcher ; allons ! allons ! en avant ! en avant ! — Les autres disent : Longue est la route, et difficile, étroite aussi ; marchez en ordre, tous à vos rangs ! Vous soutiendrez mieux la fatigue ; nous arriverons tous en corps. — Pressons ! Passons ! reprennnent les premiers. Nos forces sont vives, nos âmes robustes : en avant ! en avant ! — Vous obstruez notre chemin, vous entravez la marche de tous. A vos rangs ! Au pas et à l'ordre ! ripostent les seconds.

Et l'on se chamaille sur place, on se bouscule, l'on s'écrase, on s'injurie, on se divise, et l'on n'avance que par poussées lourdes, et brusques et meurtrières, pour recommencer à nouveau !...

Je suis des plus impatients vers le but, mais je dis aux impatients : Tenez-vous dans les rangs, cela vaut mieux. Restez-y serrés et compacts, vous touchant les coudes, marchant avec un accord soutenu. Ayez la discipline du but, celle de l'intelligence dans le mouvement. Si ceux qui conduisent la marche s'arrêtent sans motifs, poussez-les. Vous aurez une puissance acquise, devenue irrésistible : le flot passera par-dessus eux. S'ils prennent par trahison ou par erreur une fausse voie, ne quittez pas la route, passez ! Vous serez alors tête de colonne :

les retardataires avec les égarés bientôt se mettront à la suite. Mais allez, allez donc selon la règle, tant que vous reconnaissez la bonne trace. N'épuisez pas vos forces vives en vains débats; ne gaspillez pas votre temps, votre richesse, et votre sang, car la nuit, le dénuement, le désespoir reviendraient encore de compagnie vous affliger. Vos ennemis dédaigneux, vous voyant une fois derechef exténués, abattus, diraient en vous narguant impitoyablement : « Voilà les meilleurs conducteurs avec les plus habiles marcheurs. Regarde, ô peuple !... O peuple, on ne peut pas sortir de notre cercle. Il faut y faire un éternel campement sous nos auspices... »

On doit se dévouer au but, et le but n'est pas le gouvernement. Le but c'est l'intérêt présent, surtout c'est l'avenir du peuple. C'est au peuple en lui-même qu'il faut se dévouer. Et que fait-on nonobstant le suffrage universel ? Comme devant. On aspire au gouvernement ! Mais le gouvernement n'est plus une supériorité ni un avantage ; il n'est qu'une défection, un péril, si l'on n'y comprend pas le suffrage, si l'on ne s'y soumet pas, si l'on prétend y être roi, dicter la loi qui s'y impose. Le gouvernement désormais est mis en charte publique ; il n'est plus qu'une résultante, et non pas une causalité ; il est soumis, ne commande point : la spontanéité populaire prévaut sur l'initiative officielle. Or, les plus militants démocrates, eux aussi ! voudraient à leur tour *faire la loi*. Que gagneraient-ils à cela, selon le vœu de la Démocratie? Qu'y gagnerait-elle ? Ils seraient en contradiction avec elle, elle serait en hostilité avec eux. Ses petits ne lui valent pas mieux que ses grands. Les sincères républicains ne doivent pas aspirer au gouvernement, tant que le gouvernement *fera loi*. Le bon-sens de la République s'y oppose. La République veut des apôtres, des instituteurs, des ouvriers, après avoir eu des soldats, des martyrs et des commandeurs. Le gouvernement ne doit plus être un monopole régalien, il doit devenir une simple fonction populaire. Les démocrates, en attendant, sans en prendre le titre officiel, le peuvent déjà exercer, chacun selon son mérite et sa sphère, pour faire leur propre instruction et constituer la nation dans sa puissance et dans son droit, toutes ses facultés *sui generis*. La Démocratie a la force. Que lui manque-t-il sinon la science, le dévouement, la conscience et la vertu !

Je vois que les ouvriers le comprennent. Ils s'isolent des troubles pendants ; ils étudient, s'associent, discutent, se soutiennent, poursuivent méthodiquement leur salut. Eux seuls, sous l'inspiration la plus élevée de leur temps, me paraissent doués du vrai génie : la volonté de l'examen, l'examen de la volonté. Leurs rapports internationaux, la solidarité qui s'en suit, sont ce qu'il y a de meilleur, de plus fort. A côté, les savants Congrès dits de la Paix, où toutes les illustrations rivales bataillent avec force baisers Lamourette, sont choses plates, font triste mine. Courage à l'ouvrier studieux, pénétré du sens solidaire ! Il commande déjà la paix, régularise la liberté, intéresse le progrès de tous, engage la nécessité au point que tout parti, toute puissance aspirante ou en titre l'admet enfin à son économie forcée dans l'Etat, promet de poser *sa question* au programme politique et *social*. Toute question politique est sociale, *et vice versà :* on est obligé de le proclamer à présent. Depuis l'origine des réunions d'êtres humains tout n'a été que socialisme, et on le maudissait encore de nos jours !...

Il m'appartient, comme au plus humble, de dire même aux plus vaillants ma pensée. Je crois la devoir surtout aux capables, aux dévoués, à ceux qui me semblent animés d'un sincère amour pour le peuple, d'une vraie compassion pour les souffrants, et que je trouve en possession des facultés et en position de rapports nécessaires pour les bien servir. C'est pourquoi ma critique s'adresse à ceux-là plutôt qu'aux indifférents, aux ennemis qui ne sont plus le grand obstacle, qui deviennent l'aide, le stimulant, les auxiliaires de notre tâche. Le sage s'instruit de l'ennemi comme de l'ami, bien souvent mieux.

Et ce n'est point que je m'arroge, moi, d'infliger des leçons à personne ! J'en cherche, j'en prends de tous côtés. J'expose celles que je reçois, dans le langage qu'elles me donnent, sans souci de moi ni des autres, mais de la Vérité seulement, la rectrice des autres et de moi. *L'esprit*, après l'avoir servie, a détourné son culte vers lui-même, et de son idolâtrie à présent embarrasse, désole la Vérité. Il est un fléau de notre époque. L'esprit souffle où il veut, comme on dit. En effet je reconnais qu'il souffle en capricieux, en libertin ; parle comme un enfant terrible, indomptable, pour et contre également, tout à la fois. Il s'en essouffle. La Raison cependant ne se loge, elle, qu'où elle peut : il me semble, la malheureuse ! qu'on ne lui offre que rarement une digne hospitalité. Ce qu'on appelle *le talent,* qui est de l'esprit naturel avec de l'acquis scolastique, le savoir dire, le savoir faire, le talent se présente de toutes parts et fait renvoyer la Raison. Il pullule comme par générations spontanées en opprimant les intelligences qui ne produisent plus généralement en tout ordre que des fantaisies agréables avec quelques bribes d'idées innocentes. On ne réfléchit plus avec ténacité, on n'étudie plus avec sacrifice, on a perdu le génie profond de l'immolation dans la pensée. Les écrivains adroits se multiplient au point de faire peur et honte aux naïfs, malhabiles quoique plus utiles chercheurs de l'uniment vrai. Que nous sommes éloignés de cet âge désiré où, selon la prévision d'un véritable philosophe, il n'y aura guère que quatre ou cinq écrivains en un siècle, et où tout le monde toutefois écrira mieux de forme et de fond que nul à présent ne le fait !

Mais jusqu'à cet âge où le public n'aura qu'à suivre l'enseignement élevé de ces parfaits instituteurs, il faut bien que chaque travailleur, courageux autant que modeste, paie la contribution de son âme même aux maîtres qui seront appelés à élaborer, pour sa gloire, le suc, la fleur et le fruit de notre humanité.

La critique de l'esprit a suffi à discréditer toute foi. Elle s'est exercée de part et d'autre en tous les ordres pareillement ; elle est à la fin épuisée avec l'épuisement de ses objets, sans avoir rien produit de revivifiant, parce que l'esprit a pris foi en lui-même et résiste à sa propre critique. L'esprit est demeuré en retard, les choses sont plus avancées que lui.

Le criticisme arrêté là ne présente que destruction. Il laisse dans le monde bouleversé l'esprit aussi bien que l'âme sans salut. C'est au subjectif maintenant qu'il faut étendre la critique, en l'enfonçant jusqu'en nos cœurs, jusqu'au tréfonds de nos sentiments, de nos idées ; en lui faisant « sonder nos reins. » Les renouvellements de pouvoirs sans cela ne changeront rien, jamais rien. Le peuple parvenu (mais à quoi ?) — le peuple tout-puissant (ne l'est-il pas ?) — le peuple en action (il y est !) — le peuple sans cette intime critique sera mal régi, se régira mal, ne vaudra pas mieux : ses amis gémissants et abandonnés le devront plaindre autant. Il faut renouveler l'âme même afin de renouveler la Vie. Jusqu'à présent cette révolution indispensable n'a pas été tentée. Jusqu'à présent les VIEUX PRINCIPES ne sont en lutte qu'avec eux-mêmes et ils se ressuscitent les uns les autres, sauvés de leurs défaites successives. Absolutisme contre absolutisme ne périt pas ! La grande Révolution française et ses suites, attribuées à l'esprit nouveau, n'ont été jusqu'à cejourd'hui réellement que des fluctuations du vieil esprit tourmentant, tourmenté : droit divin ou arbitraire pur, force, autorité, liberté, doctrines de règne, systèmes de combats, raison d'Etat, saint devoir de l'insurrection, *ultima ratio !* Cette révolution si célébrée, si maudite à contre-sens, n'a été, ainsi que tout ce qui l'a suivie, qu'un décomposé et un recomposé d'actes de foi, non pas une profession de Raison ; que le rassemblement, la finale des spéculations contradictoires du vieil ordre, non encore la proposition positive, la majeure dégagée de l'ordre nouveau, de la pure et unique Justice. Les actions et les réactions qu'elle comporte ont même aspect, même caractère, même fond de nature, de croyance et de procédé. Que les révolutionnaires n'y revendiquent plus que le mérite de leurs aspirations nouvelles, meilleures, en laissant à leurs antagonistes la responsabilité des exécutions, imitées des longs exemples, inspirées des seules leçons de ceux-ci.

Et que les révolutionnaires accomplissent *leur révolution !* La vraie révolution à souhaiter est dans leur conversion en eux-mêmes et dans leur apostolat dévoué au monde, dans leur renonciation au pouvoir mort et aux compétitions mortelles, dans la formation de la nouvelle âme. S'affranchir avant toute chose de la séduction et des errements des *deux principes* de la division, de l'oppression ; principes générateurs des iniquités et des crimes ; principes *d'amour* qui impliquent haine et faussent Justice.

Les changements officiels ne font point les changements politiques et sociaux. Les rôles s'y intervertissent seulement plus ou moins, comme du reste cela se produit sans cesse par le jeu ordinaire de la vie. Les dominateurs de la veille deviennent les patients du lendemain, les riches d'hier sont les pauvres d'aujourd'hui : les générations se déplacent et se remplacent, ceux qui étaient élevés sont abaissés, ceux qui étaient abaissés sont élevés. Le sort se venge en triomphant de tous tour à tour. Mais les rapports renversés restent les mêmes, la situation générale ne change point, parce que ni les idées ni les mœurs ne sont changées. C'est donc là, dans le for intérieur, qu'il importe que la Révolution pénètre. Et c'est dans la profonde masse du peuple qu'il faut opérer enfin le changement. Renoncer à l'espérance personnelle toujours déçue séparément en fin finale ; se dévouer à l'Espérance solidaire toujours certaine ; travailler et vivre pour nos générations ; être *des pères*, de bons pères, pour être des justes, des hommes heureux.

Proudhon me demanda comment je comprenais que la Révolution dût s'opérer. Je vivais alors de ses idées plus que des miennes : sa fin fut une mort pour moi. Je lui répondis que je ne voyais, au nom de personne, de rôle officiel à prendre pour conduire la Démocratie ; qu'il ne pouvait pas y avoir de *gouvernement de la Révolution*. Toute tendance gouvernementaliste est contradictoire, funeste en l'état présent, avec un suffrage universel à la fois inviolable, passionné et inconscient. Il n'y avait qu'à travailler chacun sur soi par l'étude et par la vertu, chacun sur tous par l'enseignement, la persuasion, le dévouement, le bon exemple. La Révolution n'a ni système ni doctrine de convention. La Révolution est la loi de la Vie dont le monde même est l'organisme, la loi de Justice qui ne se formule pas, mais selon laquelle tout se forme ; loi qu'il faut que l'homme libre sente et comprenne, afin que de son propre arbitre, qui le fait souverain responsable de son sort, il y éclaire sa volonté pour y assurer ses destins.

Proudhon disait :

« Mais croyez-vous que nous puissions faire beaucoup de
« prosélytes et obtenir grand succès ? Depuis trente ans, j'ai
« contracté l'habitude de soutenir les causes abandonnées ;
« je travaille contre l'espérance : *in spem contra spem,* comme
« disait Saint-Paul : c'est assez vous faire entendre que je
« suis résolu à aller de l'avant, quand même. A moi, la Vérité
« et le Droit suffisent. Mais je vous parle de la Société con-
« temporaine ; de nos amis politiques, de nos frères en Justice
« et en Liberté, de tous ceux qui soupirent après la délivrance
« morale et matérielle. Puis-je leur faire entendre quelques
« paroles d'espérance, faire briller à leurs yeux l'idée d'une
« prochaine réalisation ?... »

Quel est donc l'homme, ayant pensé dans la Justice, qui n'ait point éprouvé ces craintes et ces incertitudes poignantes au sein de la société contemporaine ? Mais quel est celui-là qui, s'étant arraché de son propre cœur, ne l'a senti se faire plus grand et se remplir de l'Infini par les tressaillements du Monde futur, en prenant pour sublime et fière devise celle des apôtres et des martyrs, celle des saints et des consolés de cette phase de la vie : *in spem contra spem ?*

A l'abri des soucis, des regrets du présent, on goûte mieux les nobles joies de l'avenir. L'Idéal est le seul vrai bonheur des hommes ; l'idéal du Juste est le seul véritable Idéal. Générations vivantes injustes, punies dans leurs générations mêmes ! Tout acte de l'Injustice pullule en filiations vengeresses. Générations justes, sauvées par leurs propres générations rachetées ! Tout acte de la Justice engendre d'innombrables descendances de salut. Or, tout homme souverain a besoin de faire souche dynastique : il tient à ses procréations plus qu'à soi.

Rien ne désespère le Juste, quand même en son temps tout l'afflige. La Raison des choses se charge de la justification de sa personne, et le Juste glorifié contribue de son œuvre et de son sang à la béatification générale. Plus son âme saigne, mieux il espère, car sa douleur lui porte témoignage. La respiration même du Juste est bienfaisante à l'Univers.

Il faut qu'on fasse de la Justice pour faire de la Révolution et pour sortir des révolutions ; ou bien la Justice se fera au moyen des révolutions. Ce sont ses idées et ses mœurs rédemptrices qu'il nous faut pour tirer du chaos les idées et les mœurs sombrées. Sans quoi n'attendons rien de rien. Il n'y a pas d'autorité, il n'y a pas de liberté, il n'y a pas de droit, il n'y a pas d'intérêt, pas de sécurité, pas d'avenir, il n'y a rien sans la Justice : mais il y a tout en Justice.

LA QUESTION NAPOLÉONIENNE.

NI LA GUERRE, NI LA LIBERTÉ.

> La Raison demeure dans les choses
> malgré la déraison des personnes.

Mars 1864.

I.

A voir les choses qui se passent et à ne lire que des feuilles tolérées, la Cité politique, qui semble à peine se réveiller, reste indécise, confondue et palpitante. Tout la trouble, l'excite, tend à la passionner comme naguère ; rien ne l'éclaire, ne la débrouille, rien ne la calme ni ne la rassure. Il paraît que l'expérience ne sert point ! Les hommes ennemis du régime se réjouissent de cet état des choses ; ils attisent leurs espérances : car enfin de nouveau l'âme du peuple tressaille, et déjà ses secousses ébranlent. Les hommes désintéressés et désabusés des partis, qui n'attendent rien de ceux-ci, qui ne demandent rien au pouvoir, mais qui aiment le pays et le peuple, qui veulent l'ordre vrai, la stabilité, le progrès pacifique, la Justice, ces hommes s'attristent, s'alarment, car cette vie aveugle et fiévreuse, retour des anciens errements, compromet tout ce qu'ils chérissent et prépare tout ce qu'ils craignent. La politique contemporaine, de quelque part qu'on l'examine avec conscience, sans passion, apparaît pleine de menaces, de prochains périls renaissants.

C'est un déraillement général de ce qui mène l'esprit public. On chauffe, pour recommencer à courir à fond de train sur toutes les lignes, mais partout en dehors des voies. C'est comme une ivresse, une fureur, — un mirage au désert des sables, au bord d'un abîme profond.

II.

La philosophie de l'histoire nous explique les temps passés.

Les noms des hommes y sont peu de chose ; leurs visées, leurs tendances peu. Les résultats définitifs seuls forment l'histoire consacrée : c'est la logique permanente, la loi des causes fondamentales et des conséquences durables, qu'il nous importe de connaître.

Nul autrement n'entend bien l'histoire.

Il faut le même sens philosophique pour comprendre la vie présente, pour régler la marche de nos temps. Or, nous sommes étourdis de mots qui nous séduisent et nous abusent. Les mêmes mots servent à toutes fins aux interprètes différents et laissent le public ahuri. Guérissons-nous du mal des mots, dégageons-nous de l'empire des phrases, scrutons les choses, voyons le sens, et sans tant parler de liberté, affranchissons-nous premièrement de ce qui est illusion ou rêve. Sortons de l'empirisme enfin. Défions-nous de l'expédient. Sans système et sans parti pris cherchons la vérité sincère : elle n'est hostile à personne qu'à ceux qui la veulent méconnaître. Mais que ceux-là même l'apprennent et s'en instruisent à leur profit : la vérité triomphera (c'est la destinée nécessaire !) et son triomphe écrasera, avec ceux qui l'ignoreront, surtout ceux qui l'auront lésée, bâillonnée, proscrite, trahie. Dans ce siècle des grandes catastrophes et des revanches successives, toutes les classes sont coupables de contradictions et d'erreurs ; toutes affligées des mêmes maux, elles ont besoin d'un même remède. Les partis, les individus ont intérêt également à une équation commune, et devant les révolutions, identifiés et solidaires, tous, du gouvernement au peuple, aspirent comme ils doivent aspirer à la stabilité réelle.

III.

D'où viennent donc nos antagonismes, nos passions désordonnées ? De l'illogisme et de l'inconscience. On peut dire de tous les partis ce qui n'a été dit que d'un seul : « Rien appris et rien oublié ! » Pourtant chaque parti à son tour fut triomphant et fut vaincu. Chacun put faire son expérience, chacun put tenter son miracle, chacun appliqua son système : aucun ne résista à l'épreuve, les uns comme les autres croulèrent. Après la grande Révolution, nul gouvernement ne tiendra, qui sera système ou parti.

Pourquoi donc tant récriminer et tant se vanter de part et d'autre ? Nos glorioles sont ridicules ; cessons bravades et jactances. L'histoire n'aura qu'une fosse commune pour tous ces régimes écroulés. Au lieu de s'attacher aux froides mânes avec une superbe si vaine, les vivants, quels qu'ils soient d'ailleurs, devraient s'inspirer humblement de l'Idée austère et sublime, qui, incomprise, détruit tout ce que l'homme édifie sans elle, mais qui seule, étant bien comprise, fera vivre et régénérera.

Cette idée, c'est celle de Justice, de droit équitable, qui se révèle lumineuse en toute conscience affranchie ; qui est applicable toujours, toujours salutaire et féconde, et ne se laisse perturber jamais. Les grands mots dont on abuse tant : liberté, démocratie, légalité, ordre, progrès, ne la séduisent point : ils tiennent d'elle, mais elle, elle ne tient pas d'eux. On peut rendre la liberté absurde, la démocratie tyrannique, le progrès mensonger, l'ordre oppressif, la légalité abusive ; la Justice reste incorruptible, et se sépare pour s'en venger en définitive, tôt ou tard, des âmes hypocrites et perverses, des mondes défléchis, corrompus. La Justice est la loi vivante à laquelle rien ne se soustrait, ni les choses ni les personnes. Elle nous hante dans nos fautes aussi bien que dans nos vertus. Si nous la respectons, pratiquons, elle nous sauve; si nous la négligeons, la violons, elle nous perd. Nous sommes tous ses appelés et pouvons tous être ses élus. Mais soit qu'elle condamne ou rachète, elle est, pour tout et tous, inévitable en l'univers. Elle est l'âme et le corps du monde.

Cette infaillibilité de la Justice est le criterium de l'histoire, celui de la politique aussi.

IV.

Que cela soit comme préambule. Ce sont des vérités banales, et cependant paradoxales ! C'est la leçon morale des enfants, et ce n'est pas l'opinion des hommes !

Maintenant, entrons en matière :

Le coup-d'état du 2 Décembre a une signification profonde que peu de gens ont démêlée. Un grand homme seul y vit sur l'heure « *la Révolution démontrée.* » Il fallait un obstacle commun à tous les partis déchaînés. Louis-Napoléon l'apporta. La République, qui est le droit pur avec les libertés sans frein, se prouvait impossible encore et redoutable même pour longtemps. La République suppose d'abord une harmonie des consciences, des intérêts et des tendances. Dans l'état présent de division par classes, partis, sectes, coteries, groupes de mille genres, égoïstes et fanatisés, la liberté républicaine n'était qu'une arme pour chacun et par là un danger pour tous. Ce qu'on nomma « la République » ne pouvait donc être qu'un mensonge. On le sentit d'instinct, et de suite cette république, si bénévole cependant, répandit un effroi insensé. Des partis ennemis la veille s'unirent alors dans leur terreur. La réaction surexcitée, confuse, fut folle contre *la République*, comme avait été fou au début l'assentiment enthousiaste que chacun, selon ses visées, avait solennellement juré (1).

Legs des temps d'oppression et de misère! La France se reconnut ennemie... indigne de son idéal, incapable de vivre d'elle-même, libre dans le droit et la justice. Ce que les partis redoutent le plus, c'est d'être livrés les uns aux autres. Voilà le moral du pays! Il fallait un obstacle commun. Louis-Napoléon l'apporta.

Cependant, *la République* morte, chaque parti, revenu de ses peurs, entendit reprendre aussitôt ses espérances particulières et ses calculs d'ambition. Mais rien ne se fait dans l'histoire sans causes ni sans conséquences. La République, bien qu'impossible, de son nom seulement invoqué, imposait à tous les partis le respect du droit populaire, au gouvernement une mission nettement tracée dans ses voies et moyens, et dans ses applications générales. Elle léguait forcément à l'Empire un principe politique nouveau, une notion plus élevée qu'aucune notion précédente. Au nom de la République, la veille, bien qu'ouvrant la source du vrai droit dans le suffrage universel, on l'avait endiguée, contenue, détournée de son cours naturel, et pas approfondie encore. On avait enveloppé ce droit grandi comme de langes et de lisières, ainsi qu'on lie un petit enfant dont on est le tuteur, père ou maître. Au-dessus de la souveraineté régnait encore une fiction. On avait systématisé le droit, on l'avait fait légal, constitutionnel; on l'avait mis en code « pour le préserver et le contenir, » l'infériorisant de la sorte, sous prétexte d'ordre et de liberté, aux vieux dogmes qu'il abrogeait, et le soumettant, lui, Raison, à l'ar-

---

(1) Voir à l'Appendice note A.

bitraire et aux caprices des absolutismes défiants, déchus, mais combinés tous contre lui. C'était n'y rien comprendre; c'était le nier au demeurant à l'instant où on le proclamait.

Le coup-d'état fit mieux et plus : il délia le droit et le fit marcher, le trouvant viril, le sentant majeur, le déclarant solennellement opprimé par la liberté, garrotté par l'autorité, et mieux fondé que l'autorité, plus fécond que la liberté. Louis-Napoléon reconnut *le droit réel* supérieur à la légalité (1). Chose immense! C'était, dans la nécessité de son acte, la seule légitimation possible du nouveau pouvoir qu'il créait. Sans quoi il est sans raison d'être, son succès n'est pas admissible. Mais c'est là, nous le répétons, sa légitimation suprême, sa consécration historique, et c'est ce qui rend ce pouvoir précisément inattaquable dans sa cause ou son origine, incontestable dans sa base; ce qui le place au-dessus de lui-même, au-dessus des partis, des doctrines et des systèmes; ce qui le pose, devant le peuple, en un certain état d'indulgence, à l'abri des compétitions; ce qui le garantit de tous dangers *autres que ceux qu'il suscite lui-même.*

V.

Les gouvernements précédents ont aussi invoqué le droit, sans doute. Mais ils ont tous pris à sa place une formule exclusive, étroite, qui lui devenait étrangère en le réduisant en fiction. Fiction de la République une et indivisible par convention; fiction de l'Empire, empirisme combiné de droit divin s'engendrant du droit populaire et de droit populaire s'abdiquant dans ce nouveau droit divin; fiction du droit divin historique restauré, *se constitutionnalisant de soi* (le roi consent la loi, mais il la fait!); fiction constitutionnelle inverse ou légalité souveraine au profit du règne bourgeois (la loi consent

---

(1) Voir à l'Appendice note B.

le roi, mais elle le fait!); fiction de la République légale ou constitutionnalité pure (la loi repousse le roi, mais garde la royauté!); — toutes indistinctement laissant le droit réel en dehors, préconisant la loi écrite, quand ce n'était pas le simple arbitraire. Systèmes enfin de loi ou de verbe, hostiles au Verbe et à la Loi, tournant tous dans l'absolutisme. La lettre tue, l'esprit seul vivifie.

Quels que fussent les doctrines successives et les procédés de pouvoir de ces divers gouvernements, la réalité du droit leur manquait, ils n'en concevaient pas le sens : ils n'étaient au fond que des partis. La vraie souveraineté, l'Opinion, — qui n'est pas tant dans ce qui s'exprime que dans l'instinct sourd des consciences, dans la résultante synthétique des intérêts, des besoins, des affections, des espérances et des désirs, des devoirs et des droits particuliers et généraux, des tendances de la nature et des directions de l'esprit, — la souveraineté de l'Opinion devait tour à tour renverser tout régime qui n'était pas ou qui n'était plus d'elle. Tactiques, roueries, doctrines, systèmes, plus rien ne sert. La condition d'un pouvoir durable est de comprendre et de servir l'Opinion, même alors qu'elle ne se comprend pas et paraît entraînée contre elle-même. Il lui faut plus de génie qu'à elle, il ne lui faudrait autrement qu'une pure et simple obéissance. Désormais la Justice est la loi du gouvernement et du peuple. Qui des deux l'entendra le mieux commandera, prendra l'initiative sur l'autre. La loi ne saurait plus être enfreinte impunément par le pouvoir le mieux assis, par le suffrage universel lui-même. Croire en ce que le suffrage dit serait encore une décevante fiction, quand le suffrage est inconscient et qu'il s'aveugle ou se passionne. Il ne se sait; il est un sable, il est une onde. Il faut aller au fond des choses, au fond de l'âme du peuple, au fond! pour y scruter l'Opinion, qui est, nous le redisons, dans sa réalité immuable, instinct vivant de la Justice, invincible amour du droit pur. Jetez la sonde; mesurez! Il faut conscience, sincérité, clairvoyance avec dévouement, sans cela le suffrage universel aussi, dans l'état public où nous sommes, vous signe des billets à La Châtre et n'est qu'un système périlleux. Le suffrage universel était à la base de la République, ce qui ne l'a point sauvegardée. Donc, à lui seul et tel qu'il est, il n'est qu'une source de renseignements, il n'est point l'opinion certaine, point la base réelle du droit. Cette base est la Justice seule qui est au fond de l'Opinion, cristal inaltérable et pur que le trouble ambiant ne ternit point, miroir fidèle où se retrouve l'image calme de la Vérité, malgré le vertige et l'inconscience qui la voilent à nos pauvres yeux ou nous la représentent faussement.

Or, nous disons que le coup-d'état, « sortant de la légalité pour rentrer dans le droit, » fut, par l'effacement des partis et l'appel fait à la souveraineté de l'Opinion, aux consciences, un pas immense vers la Justice, un événement merveilleux, notre sortie des fictions légales, cette captivité de Babylone pour la Révolution française.

VI.

Cela fut trop peu clairement compris. Le droit nouveau, en s'instaurant, dut faire taire toutes les voix légales, bien qu'en appelant tout le monde à lui. On ne sentit que l'arbitraire d'un homme faisant une révolution dynastique. Les représentants des partis ne reconnurent dans cette dictature que l'essai d'un nouvel empirisme et comme l'application habile, après un début audacieux, d'une politique éclectique à l'aide de toutes les vieilles doctrines. Chaque parti, gardant sa foi propre, espéra que tournerait forcément vers lui cette politique empirique, en quête, comme on le croyait, d'un principe logique éprouvé et de l'appui stable d'un système. Tous ceux qui rêvèrent de la sorte de s'en servir au jour venu, se mirent à la servir chaudement. Ceux-là se sont usés vainement ou se sont à la longue résignés aux choses. Le peuple, lui, plus calme, attendit.

Les républicains furent victimes pour n'avoir vu qu'un fait brutal dans ce qui était aussi mouvement d'idée; pour avoir soutenu contre l'invocation du droit, chevaleresquement mais follement, la légalité abolie. Mais le coup-d'état, au fond, n'a rien fait contre la République : c'est à tort qu'on a dit le contraire. La République est de l'avenir et n'a rien souffert dans le passé. Ce qui s'est accompli tend vers elle. Ceux qui se sont récriés en son nom, ont pris des blessures faites à eux ou à la légalité de leur choix, à leur faux idéal renversé, pour des blessures qu'elle aurait reçues : mais elle n'en pouvait recevoir. Le coup-d'état n'a aucun sens, aucune virtualité propre, que dans les voies républicaines. Voilà ce qu'il eut fallu comprendre, ce qu'il importerait encore de bien poser, de reconnaître. Il est l'œuvre préparatoire de la République effective; il est un héraut qui l'annonce, son précurseur ou son pionnier. Le coup-d'état, dans sa logique, dans sa signification historique, les seuls points de vue qui comptent, fut dirigé *contre les partis* qui perturbent le droit réel et rendent la République impossible, — y compris les républicains aveugles affolés de légalité, mais y compris les bonapartistes qui ont abdiqué par ce coup, authentiquement, à jamais, toute prétention de légalité ou de tradition en-dehors du seul et vrai droit. Ce fut donc bien, en vérité, le grand effacement des partis, et l'empire qui s'en est suivi ne pourra jamais être rien qu'une œuvre d'initiation populaire, s'il veut conserver *la mission* (1).

(1) A proprement parler, abstraction faite du caractère moral de l'acte (qui est malheureusement encore le caractère de l'époque : on veut réussir par la force !) et abstraction faite des intentions personnelles intéressées de l'auteur (lesquelles rentrent aussi malheureusement dans le caractère de ce temps; combien j'ai entendu de gens excuser le coup-d'état par la position du facteur, et dire : à sa place, j'en aurais fait autant !); à proprement parler, le coup-d'état est un grand fait *démocratique.*

Les partis avaient déjà détruit de la République ce qui en était l'essentiel : le droit populaire affirmé. La coalition de la rue de Poitiers,

Il est impossible de ne pas voir dans le coup-d'état cette grande loi de nécessité logique qui lui donne une portée si élevée, le revêt d'un si sûr prestige, d'un caractère de force si hautain ; qui, dans l'ordre de la Justice même, le place au-dessus de tout ce qui fut, malgré les considérations autres, personnelles et secondaires. Quel que soit d'ailleurs ce qu'on tente après un pareil coup d'éclat dans l'histoire, acte dont par-dessus la nation l'humanité même est saisie, les suites inverses, les retours, les défléchissements, n'amoindrissent que les personnes sans amoindrir les conséquences. Le sens profond des événements l'emporte ; leurs résultats logiques sont inévitables. Et voyez, sans remonter haut, l'enchaînement rigoureux des faits sous la mystérieuse propulsion de la Loi du développement ! A la Constitution de 1830 succède celle de 1848, laquelle fait entrer le peuple entier dans le système des fictions légales. Tous les partis y sont compris ; c'était forcé dans le système. Ils s'y agitent tous à la fois, chacun revendiquant pour lui et invoquant contre les autres l'esprit et la lettre d'un contrat qui ne peut être, entre eux, qu'un cartel. Les partis subsistant ainsi du fait de la légalité, enfermés dans la même enceinte ne pouvaient s'en faire qu'un champ clos, Mais le peuple las des fictions légales et désabusé des parades avocassières, dites parlementaires ; se sentant en réalité le

---

par la loi du 31 mai, avait pris le peuple en ses rets et la Constitution républicaine à son piége. Le coup-d'état n'a pas vaincu *la République*, il n'a vaincu que la rue de Poitiers. Les républicains ne l'ont pas vu, et se faisant hostiles au coup-d'état, au lieu de s'en emparer et de le conduire, ils l'ont affirmé contre eux-mêmes et l'ont abandonné aux mains de ceux-là seuls qu'il avait abattus ! Ces partis ennemis s'y sont rattachés et l'ont détourné de sa logique, en s'en pénétrant par contre, sans le vouloir. L'Empire, tout en s'appuyant de leur concours, aurait voulu leur échapper : ils étaient le plus pressant danger pour lui. De là sa politique de bascule entre tous les vieux partis et le peuple, et son droit de se dire soutenu de la majorité... sans qu'il y eut une majorité réellement à lui dans le pays. (C'était la même position devant le public que celle du ministère Ollivier actuellement devant la Chambre.) Situation

moins favorisé des partis dans cet ordre constitutionnel établi
sur l'antagonisme, fondé sur le chaos tel quel, le peuple se révolte en Juin. Il veut la République à lui, hélas! sans savoir
comment faire; et sans bien comprendre où elle est, il déclare la
guerre des partis. Il choisit un terrain à lui pour y disputer le
pouvoir et provoque hors de la lice les amants de la Constitution,
au nom de la Constitution même! C'était fatal... A la tribune
le peuple sait mal s'exprimer; et d'ailleurs qu'aurait-il eu à
dire? Il fallait que la poudre parlât... L'insurrection de Juin
fut vaincue, en raison même de sa foi, de sa générosité, de
son ardeur, parce qu'elle n'était qu'un sentiment, qu'elle n'é-
tait pas une idée; parce qu'elle combattait au nom d'un régime qu'elle voulait détruire; qu'elle était maladie, désespoir,
dont la France dut par-dessus tout craindre l'horrible contagion; parce qu'elle ne savait où mener, parce qu'elle était une
impasse et eût fait de la patrie un charnier. Elle n'était, en
définitive, que la revendication, au nom du parti populaire,
des armes qui étaient également données à tous les autres
partis dans le nouveau pacte commun.

L'insurrection fut le produit de la fiction républicaine légale,
ainsi que sa répression le fut aussi. En prétendant ne pas
s'écarter, ou plutôt même revenir à l'objet de la Constitution;

---

politique compromettante, périlleuse! L'Empire démocratisait de son
contact ces vieux partis, ses alliés, ennemis intimes, et perdait le sens
démocratique d'autant qu'il leur en conférait, en les niant!...

Aujourd'hui ce sont ces vieux partis, changés et cependant les mêmes,
qui triomphent de l'Empire à leur tour comme ils avaient triomphé de la
République et comme le coup-d'état avait triomphé d'eux, c'est-à-dire,
sans recul et sans contradiction dans le mouvement, en servant même
ce qu'ils ne reconnaissent point, en continuant la Révolution dont ils
n'ont pas le sens logique.

La « rue de Poitiers » modifiée, et singulièrement prolongée, est la
rue du Convoi de l'Empire; la rue où passent aujourd'hui les affaires
et qui les ramène à la République... après le passage d'Orléans.

(*Janvier* 1870.)

en s'armant pour celle-ci, que seulement l'on disait violée, la grande émeute de Paris se montrait elle-même sans objet.

Son scrupule de légalité, son incompréhension du droit, la vouaient à une sûre défaite. Ses adversaires, sans une meilleure intelligence du droit, beaucoup d'entre eux avec plus de torts et plus de déraison peut-être, avaient le bon côté, celui de l'ordre, et l'avantage de défendre en effet ce que tout le monde, insurgés compris, entendait au fond sauvegarder, l'Arche... de la mésalliance des partis. On dit : « le fatal malentendu de juin ! » On a raison. Mais ce fatal malentendu existe encore de fond en comble dans la grande nation française !

Des deux parts donc on fut en juin des républicains passionnés pour la même fiction légale. Mais si le triomphe du gouvernement d'alors, c'est-à-dire de la Constitution, ne devait pas rendre celle-ci plus solide ni celui-là plus fort, du moins ce triomphe assurait le maintien d'une situation acquise, qui, en groupant tous les partis sur un même point, les rassemblant pour les résoudre, les simplifiant, les ramenant à une commune expression, était une situation nécessaire au développement même du progrès, à la prochaine évolution du droit. Supposez l'insurrection au contraire victorieuse, la réduction de tous les partis en une donnée solidaire cesse d'exister *ipso facto ;* leur unification n'est plus faite sur aucun point où ils puissent tomber tous ensemble ; ils ne tiennent plus à un sort commun ; c'est la démagogie qui règne, rendant son autonomie à chaque groupe, ses franchises à chaque combattant, et le coup-d'état la renversant ne renverse rien de plus qu'elle ; il laisse intacts les partis qui en reviennent à leurs doctrines et visées respectives ; il n'a plus le sens révolutionnaire, il n'est qu'un accident, un coup de main, sans rapport avec le mouvement, sans logique dans la progression. Le coup-d'état n'est, dans ce cas, que la réaction d'un parti contre un autre parti, la défaite du populaire, la victoire du bonapartiste. Cela ressemble aux compétitions des temps avant 89, cela répugne à la conscience moderne. Ah ! qu'il en est différemment de cette ruine de tous les partis et de toutes les fictions légales, avénement du droit réel qui les niant tous s'affirme seul ! En définitive, l'idée restée obscure en juin, mal dégagée, contradictoire, compromettante, trouve une expression nette en décembre, et devient salutaire, toute puissante. Le coup-d'état de 51 est, dans la progression des formules, le triomphe de l'insurrection de 48 ayant enfin trouvé son Verbe. Aussi, voyez comme tout s'efface, et quelle attitude garde le peuple ! Malgré ses affections, son culte, ses regrets, ses facilités d'empêcher, et... malgré tout enfin, il sent que c'était nécessaire, et que c'est là «le câble coupé » !

L'histoire est pleine de ces méprises et de ces contre-sens frappants : ce sont ceux (les républicains) dont les aspirations recevaient un commencement de satisfaction par cette revendication officielle du droit pur, qui se sont imaginé être les vaincus de 51 ; et ce sont ceux dont la défaite politique était ainsi juridiquement et irrévocablement prononcée, qui ont chanté cette victoire ! C'est le sens dessus dessous des esprits.

VII.

Nous savons bien ce qu'on peut dire.

La contradiction a reparu : Celle d'en haut entretient celle d'en bas, et réciproquement. Dans la pratique du régime tout n'est certainement pas conforme à ce que son origine nécessite. Le chaos qui recouvre l'opinion publique et qui paraît s'engendrer d'elle, cela rend le pouvoir inconscient et le trouble, l'égare, le tente à mal sans doute. Il attend trop, n'ose pas assez, se prend pour unique raison, croit trop tenir l'esprit captif, méconnaît la nécessité, redoute la témérité, hésite en tout le fondamental, et au lieu de créer réellement, de conduire le vrai mouvement, s'attarde en des agitations stériles.

Il pense gouverner sur l'abîme, renchaîner enfin Prométhée, et, Jupiter Olympien plus adroit que le fils de Saturne, s'assurer à lui la durée. Il a le sentiment de sa force ; il faut le croire, celui de sa mission (ce qui lui garantirait l'avenir) ; pourtant il se montre timoré, jaloux, de goût terrible, comme tout dieu devant le génie humain.

Il est troublé, comme son Empire. Etonné de son succès facile, il est, paraît-il, plus enclin à se l'attribuer à lui-même, aux moyens qui l'ont procuré, et à l'impuissance des partis, qu'à la raison logique des choses et à la loi des destinées.

Les partis, rapprochés de lui, lui nuisent, le mettent en désaccord, le tiennent en émoi. L'opinion, d'apparence confuse, anarchique, difficile à démêler d'un regard prévenu, récalcitrante, lui est antipathique, le gêne. On lui présente par artifice une opinion *agréable,* qui ne soit que ce qu'il désire, qu'il puisse interpréter à sa guise...

Ici nous n'examinerons pas à fond si le gouvernement a su tirer le plus grand avantage effectif de son principe invulnérable. Il ne peut être menacé que de son propre fait, à coup sûr ; mais il en peut être menacé gravement, en abandonnant son principe pour se refaire système ou parti.

Son origine lui impose, avec les prérogatives du droit, les hautes obligations du droit. Il doit être obstacle aux partis, à son propre parti lui-même ; il a charge d'initiation et de progrès pour conduire et diriger le peuple, délivré de captivité, vers sa terre de Chanaan. Il faut qu'il stimule l'opinion, qu'il l'approfondisse et l'éclaire, qu'il lui demande la vérité, qu'il lui enseigne la justice et comprime ses idolâtries, non par des procédés de tactique et par des moyens d'expédient, mais de conscience à conscience. On ne joue pas de l'opinion publique. On peut jouer l'opinion publique un moment ; mais on n'en joue pas, disons-nous. Elle ne saurait être, quoique l'on s'imagine, instrument d'opéra ou de conservatoire dans la main d'aucun virtuose. Si on lui fait chanter un air que l'on

chante soi-même en son nom, il n'est pas longtemps populaire
s'il n'est inspiré de son génie, si déjà elle ne le fredonnait tout
bas d'une inspiration spontanée ; et, si le peuple le trouve faux
et se met à chanter le sien propre, le discord devient terrifiant.
Les habiletés ont leurs revers et ne sont que des errements de
parti : les partis savent tous ce qu'elles valent. Désormais le
gouvernement et le peuple ne peuvent plus vivre ensemble
qu'identifiés. Mais ce n'est pas le peuple enfin qui saurait
s'identifier rien d'étranger à sa nature, en tout état incommutable ; c'est le gouvernement qui doit s'identifier avec son
âme. Cela faisant, mais seulement ainsi, le gouvernement
s'assurera une stabilité séculaire pour son œuvre initiatrice,
et la plus glorieuse part dans l'histoire de nos dynasties. Cette
transition de plusieurs siècles, sans cesse bienfaisante et
féconde, a de quoi séduire un fort esprit, de quoi tenter
souverainement l'ambition la plus hautaine et l'intérêt le
mieux compris. Elle aurait de quoi, en même temps, désespérer à tout jamais l'hostilité maligne des partis, qui comptent, chacun à son profit, sur une transition bien plus courte.

VIII.

Dans la marche des affaires publiques, le pays et le gouvernement, identifiés au coup-d'état, ont cessé de se comprendre
l'un l'autre. De là les erreurs de part et d'autre, et les dé-
fiances mutuelles et les embarras progressifs. L'opinion et le
gouvernement se sentent encore l'un à l'autre nécessaires,
et l'un l'autre ils se tiennent en échec, entre l'espérance et la
crainte. C'est une phase très-critique pour le nouveau gouvernement, celle où sa nature doit enfin se révéler sans équivoque,
où son caractère ambigu doit se déterminer nettement. On dit
généralement depuis peu que la France a repris sa marche en
avant ; elle est en pleine réaction, et peu de gens se doutent,
hélas ! des nouveaux périls qui menacent.

Cette réaction est le fruit de l'erreur, de l'illusion, de l'inconscience générale. Elle n'est pas plus imputable au pouvoir qu'au pays lui-même, sous un régime comme le nôtre.

Expliquons ce que nous disons :

Après le coup-d'état, silence des partis refrénés, attente du pays plein de foi. Le pays peut permettre tout au nom de l'opinion et du droit, puisqu'enfin on élevait le droit au-dessus de la sphère des partis et qu'on invoquait l'opinion comme unique souveraineté. Le peuple n'est pas un docteur, mais il possède l'instinct profond de la réalité des choses. Il souffre toutes les contradictions que son esprit ne résout point ; calme, il attend les conséquences pourvu qu'il ait un point solide sur lequel il se sente posé. Les malheurs de la liberté l'affligèrent médiocrement, car il ne l'aime qu'en l'idéal qui en contient la pure idée, il ne la souffre point égarée, et il n'a point connu encore sa salutaire liberté : or, dans celle qui expirait il n'abandonnait qu'une idole. Pendant que s'immolaient pour celle-ci des sectaires fervents, généreux, (nous les respectons, nous en fûmes !) le peuple les plaignit peut-être, mais pour son compte il attendit.

Ne sentait-il pas qu'après tout l'opinion enfin est maîtresse ? qu'avec le suffrage pour moyen il la couronnerait à son jour ? qu'enfin, étant le souverain réel, on ne pouvait lui rien ôter qu'il ne pût reprendre quand il voudrait ? qu'il n'avait rien à recevoir dans sa puissance et dans sa force, qu'il ne pouvait que se tout donner ? qu'il ne pouvait tirer que de lui, de sa science et de sa conscience, toutes les facultés de son règne ? que la liberté, par exemple, était immanente en lui-même ; que quand il la voudrait il l'aurait ? et qu'il la voudrait et l'aurait de plus en plus, spontanément, au fur et à mesure de l'extension progressive de son esprit et de ses besoins ; mais qu'il était ridicule, illusoire, de demander la liberté, à quoi donc ? à une Constitution qui n'est en soi ni l'âme ni le corps du peuple, qui n'est que la règle pratique de sa conduite ou direction, et qu'on n'érigerait plus en dogme que par esprit de réaction et la plus funeste folie ; ou à l'autorité d'un homme, comme si un homme, maintenant en France, après la chute des fictions, pouvait faire libre ou rendre esclave la nation par un décret !

Le peuple donc s'abstint, laissa faire ; il attendit les conséquences, et même il les attend encore. On a dit que le peuple de Paris mit en 1848 trois mois de misère au service de la république ; on peut dire tout aussi bien que le peuple entier de la France a mis plusieurs années de dictature au service du coup-d'état.

Pendant ces années de dictature, le gouvernement, seul actif, put établir les fondements de la politique nouvelle, chercher les lois de stabilité et de mouvement, dans la donnée de son origine (donnée par le peuple acceptée), dans la logique du principe et l'intérêt du règne nouveau. A-t-il usé de cette faculté comme on aurait dû s'y attendre ?...

Il importerait à tout le monde qu'on fît un examen critique profond de la politique française depuis le coup-d'état de Décembre. Cette étude grave instruirait. Nous ne pouvons pas l'aborder. Il nous suffira de constater que le gouvernement crut un jour avoir terminé l'œuvre de sa fondation, puisque les décrets du 24 Novembre ont été par lui rendus.

Mais comment se peut-il donc faire que ce peu de liberté restaurée nous ait mis dans l'état où nous sommes : embarrassés de tous côtés, plus hostiles les uns aux autres, plus inquiets, plus défiants, plus divisés, et tous vivant au jour le jour, les uns criant guerre partout, les autres partout liberté ? C'est, disent ceux-ci, que nous n'avons pas assez de liberté. C'est, disent ceux-là, que nous en avons déjà trop.

C'est, dirons-nous à notre tour, que nous n'avons pas de conscience : intelligence et sens moral. C'est qu'il ne s'agit pas avant tout de liberté ; c'est que la liberté n'est et ne peut être encore aujourd'hui qu'une faculté de privilégiés, une sorte de féodalité besoigneuse, une pratique de charlatanisme

et d'exploitation; c'est que les décrets du 24 Novembre ne
sont nullement dans la notion et la logique du coup-d'état du
2 Décembre; c'est que ces décrets ne pouvaient être et ne sont
bien, — contre l'intention du régime, sans doute ; mais
grâce à la pernicieuse influence des partis qui l'ont pénétré, —
c'est qu'ils ne sont bien en effet que le signal d'une réaction
insensée.

IX.

Les décrets du 24 Novembre n'ont été qu'un expédient
malheureux; on peut les appeler une faute. N'est-ce pas depuis cette époque que nous avons vu reparaître la confusion et
le désordre, dans la presse et dans le parlement? Et, il faut
bien l'écrire ici, les *amis* du gouvernement y contribuent de
leur côté tout autant que l'opposition. Le même sens manque
des deux parts. On se dispute le gouvernail mais on a perdu la
boussole. Il n'y a plus rien à envier, à reprocher ni à moquer,
dans les pratiques, si ce n'est encore dans les doctrines, du
vieux régime constitutionnel, parlementaire.

Le gouvernement paraît être préoccupé surtout d'une
chose, c'est qu'on accepte la dynastie. Que tout le monde se
soumette et reconnaisse avec bonne foi la dynastie impériale,
et le gouvernement se montre tôt disposé à accorder ce qu'il
appelle le couronnement de l'édifice. Pour lui aussi la Révolution apparaît dans la liberté, mais avec les siens pour pontifes.
C'est le même culte à rétablir au profit d'un synode nouveau.

Mais que tout le monde accepte sincèrement la dynastie
impériale et que la liberté revienne et parle aux lieu et place
de la Révolution, la dynastie des Bonaparte n'en sera pas plus
solide pour autant. On peut en faire l'expérience, déjà faite
par la république.

Ce n'est pas la dynastie qu'on récuse; les serments même
lui sont jurés! D'où viennent donc les embarras? Il faut se
dévouer au droit pour vivre de la vie du droit. Il faut aban-

donner enfin les vues particulières étroites pour les vues générales profondes. Le salut de tout le monde en dépend.

Grâce au 24 novembre, les partis ont déjà commencé à se restaurer dans la liberté. Ils sont hypocrites et sophistes, mais ils sont toujours les partis. Le gouvernement s'est imaginé qu'en limitant la liberté, qu'en la tenant toujours en laisse, peu de gens, et les moins dangereux, s'en pourraient approcher et servir. Il a vu son erreur palpable. La liberté est exigeante et veut qu'on la reconnaisse sans réserve dès qu'on ne la reconnaît que pour elle. Elle veut des fervents, non des tièdes. Elle a l'absolutisme d'un dogme. Et les plus grands ennemis du régime sont ceux qui peuvent y pénétrer par la porte étroite qu'on leur ouvre et qui y viennent enfler la voix en criant de plus belle : Liberté !

La liberté affole le peuple ; elle lui fait oublier jusqu'au droit. C'est un Moloch que l'on adore, en délaissant pour lui l'Éternel : la Justice.

X.

Les partis étant restaurés et ressaisissant leur influence, le gouvernement devient parti : c'est d'urgente nécessité. Il faut qu'il se défende, on l'attaque. Il prend le rôle d'un combattant. Alors on se dispute le suffrage, et de part et d'autre on a des charmes. Ce n'est plus la raison qui prévaut, ce n'est plus le droit sens qu'on écoute, ce n'est plus le droit strict qui parle ; c'est l'expédient, le sophisme, le tam-tam, le trouble-droit. Tous les moyens sont jugés bons, qui sont polémique ou réclame. La crédulité du public, ses vieilles passions mal éteintes, ouvrent le champ aux empiriques, tentent leurs convoitises d'aventure. Les amis du gouvernement ont des cassolettes d'encens et des fourgons de mort-aux-rats. Mais les rongeurs de l'édifice, avec des mouvements pleins de prestesse et de fines dents bien acérées, ont une souplesse charmante et un estomac de Mithridate. Les *termites*, comme on l'a dit, font entre-temps l'œuvre invisible.

Cet état de choses, quand on y songe, paraît effroyable, comme il l'est. On dénonce alors hautement le mal terrible de *l'inconnu!* Cependant, pour l'heure présente, cet état de choses est tolérable, et même l'on s'en favorise. Comme l'opinion, à tout prendre, semble aussi redire : liberté! on craint que l'opinion se forme, se condense dans un sens hostile; on l'étourdit, on la divise, on l'éparpille (c'est tout un art!) et comme elle est ainsi sans poids, on prend le temps de regarder par la fenêtre pour voir les vapeurs s'élever, se dissoudre les événements. Les orages se composent ainsi des impondérables dans l'air.

Effets du 24 Novembre! Nous lisons les journaux du pouvoir et nous nous alarmons pour lui, car il est lié au pays. Ils chargent une mine redoutable de mille petites fusées volantes, comme celles des enfants qui s'amusent. Nous lisons les feuilles tolérées de l'opposition libérale; et nous nous alarmons aussi pour le pays et le pouvoir. Tout cela excite, grise, perturbe, rend sceptique, emplit de chaos.

Ah! le résultat merveilleux de la liberté prompte au désordre, émancipée de la Raison, ivre amoureuse de l'abîme, mère de l'Antique Confusion! Et que nous avons bel à attendre du « couronnement de l'édifice » promis, si d'ailleurs il était possible par cette liberté fatale!

Non; nous avons tous fait fausse route. Arrêtons-nous et avisons.

XI.

« Mais ce premier effet de trouble, disent les libéraux entêtés, n'est pas le fait de la liberté; c'est tout au contraire l'effet des restrictions qui l'enserrent. Nommons partout où nous le pourrons des représentants libéraux, obtenons des réformes urgentes dans le sens du libéralisme, et le trouble disparaîtra, la sécurité revivra. »

Et l'on s'applique, en ce parti, à ressusciter aussitôt des candidatures d'hommes de 1848, lesquels prêtent serment tant qu'on veut, plaident même pour prêter serment... à la contradiction du règne. Est-ce au droit, ou à la légalité? Au principe, ou bien au système? Tous les deux sont dans la Constitution, article 1er d'un côté, tous les autres articles de l'autre; mais le droit seul est dans le coup-d'état (quant à la virtualité logique et à la philosophie de l'histoire). Donc, jurer la Constitution ne gêne guère les partisans de la *légalité libérale*, et s'engager vers l'empereur ne les gêne pas trop non plus, du moment qu'il se légalise et se libéralise contre lui-même. Qui d'entre eux prête serment au droit et jure par le coup-d'état? Ils s'y sont toujours refusés jusqu'aux fameux décrets de Novembre, précisément quand ils l'eussent dû ! C'est donc à la légalité qu'ils s'engagent : ils jurent *contre le coup-d'état;* — celui-ci l'avait abolie. Quelles méprises ! L'inverse précisément de ce qu'on croit, lorsqu'on les prend pour les hommes du droit !

Et ne pourra-t-on pas toujours dire, dans le camp des assermentés, si l'occasion le permet : «Où notre serment est-il bon? sur le droit, ou sur le point légal? Sur les deux, sans doute. Mais alors il s'annule donc par lui-même. Il fallait vous mettre d'accord. Nous avons conservé de là une indépendance obligée. Notre serment en vérité ne nous lie qu'à nos convictions. Nous bénéficions de votre non-sens. » Et nous tombons dans la restriction mentale!...

Quoi qu'il en soit, voilà des hommes des anciens partis, ralliés, avec ce serment au régime et leurs vieilles professions de foi. Les contradictions se combinent. Que pourra-t-il sortir de là? Les pauvres ouvriers eux-mêmes s'amusent à se poser aussi en législateurs sous serment ! Mais qu'est-ce que tout ce monde fait donc, usant ainsi de la liberté, à la Chambre ou bien dans la presse? Tout cela s'agite et se tourmente,

agite et tourmente la France, pour demander... plus de liberté !
Quoi ! ces benjamins du suffrage savent si peu ce qu'est l'opinion, en connaissent si peu la nature, les intérêts, les besoins,
la force ! Ils disent au peuple : « Nomme-nous ! nous saurons
t'obtenir des grâces. » Ils disent au pouvoir : « Des grâces ! et
tu t'assureras le populaire. » Mais où donc est la *source* enfin ?
Est-ce dans le peuple ou le pouvoir ? Avouons qu'ils ne savent
où puiser. « Liberté ! Liberté ! » c'est tout. Voilà l'alpha et
l'oméga. Cercle vicieux déjà plein de ruines. « O liberté, que
de *folies* en ton nom ! » (1).

---

(1) Perte d'esprit et perte de temps de la part de tant de journaux qui
réclament depuis dix ans, et plus, à journée faite, *la liberté !* Que de
déraisonnements sur cela ! Que de papier gâché ! Ils ont plus dépensé de
liberté en somme, uniquement à la demander, et plus de retorse habileté vaine, qu'il ne leur en aurait fallu pour servir utilement les idées,
les mœurs, le droit et l'intérêt public instant. Qu'ont-ils dit qui ne soit
encore controversable et constamment controversé, qui ait donné une
assurance aux âmes et une certitude aux esprits ? Le Concile redébat à
Rome, au milieu des soucis du monde, ce que la presse a débattu et
redébattu à Paris, au milieu de ses agitations !...

Est-ce que le peuple a eu besoin de plus de liberté consentie pour
manifester en définitive son besoin de réforme, son incompressible aspiration, son souverain vœu de progrès ?...

Le nouveau gouvernement n'est pas plus libéral au fond que l'ancien :
il n'est libéral qu'autrement. Il y a toujours autant de liberté que d'autorité dans la vie, mais différemment réparties. C'est l'équilibre qu'il
faut chercher à maintenir dans le mouvement. Naguère *le Pays* était
libre autant que la *Marseillaise* l'est aujourd'hui. La *Marseillaise* l'est
même moins : elle est battue en brèche et punie ; le *Pays*, bien plus
déchaîné, était encouragé, récompensé.

Mais le gouvernement, en soi, est plus équitable : voilà tout. Cela lui
donne un titre libéral (en même temps qu'un titre autoritaire) plus élevé
et plus marqué. Il veut être moins arbitraire (qu'il s'applique à ne l'être
plus du tout !) ; il sera plus juste, et bénéficiera de tous les titres qui se
réunissent en Justice. Il a mieux le vrai génie politique. Il est accepté de
la Nation ; l'autre, si fort, en a été repoussé. Quant au point de vue de la
liberté exclusive, lui aussi a ses manières de l'ordonner. Il prouve donc

XII.

Ce mot a toujours tant de prestige! L'esprit public ainsi tra-
vaillé, travaille si bien contre lui-même, s'annule si favorablement, laisse chacun si commodément faire sous l'apparence de
sa sanction! On s'encourage dans ce système. On trouble de
plus en plus les eaux. On reprend des habitudes chéries et des
programmes caressés. Et enfin, la logique le veut, puisqu'on
ne s'occupe que de liberté, l'opposition se met d'accord :
« Elle n'hésite pas à réclamer la suppression du régime administratif pour la presse et l'établissement de la responsabilité
ministérielle, vœux formulés pendant la discussion de l'Adresse,
et *le dernier pas qui, après tout, nous sépare encore des gouvernements libres.* » M. Prévost-Paradol, homme d'esprit, de
courage et de foi, le déclare ainsi dans une brochure récente (1).

---

qu'elle n'est pas un principe. Son tort est d'en parler aussi comme si
elle en était un.

Le génie politique serait trop simple, la tâche de l'homme d'état trop
facile, si la liberté ou l'autorité pouvait être *le principe* d'un gouvernement ; il n'y aurait qu'à tout laisser libre, ou à ne rien laisser libre du
tout, car enfin tout confirme nécessairement de soi ce qui est le véritable principe.

Mais ces termes sont toujours invoqués l'un et l'autre, et comme ils
sont contradictoires on ne peut les concilier l'un par l'autre. Il leur faut
une raison supérieure, c'est-à-dire précisément un principe qui les dé-
couronne et les naturalise en lui-même. Le mal, le grand mal, tout le
mal est de s'en rapporter à eux. Il faut les rapporter au droit et leur imposer la Justice, au lieu de les imposer aux consciences.

« Insensés ! — s'écriait un conventionnel, je crois, — vous voulez
être libres et vous ne savez pas être justes ! »   (*Janvier* 1870.)

(1) Cela était écrit en mars 1864. La brochure venait de paraître :
« Quelques réflexions sur notre situation intérieure, » par M. Prévost-
Paradol. Aujourd'hui (*Janvier* 1870) cela est réalisé, bien au-delà. La
France est plus troublée que jamais, et l'Empire moins que jamais
affermi.

Rien de si simple. Et il dit, non pas sans finesse, que prendre le parti de demeurer immobile, ce serait « déclarer ou laisser penser qu'on a touché, par le décret du 24 Novembre, la limite des *concessions* compatibles avec le régime actuel ; — que tout le monde comprend (et le gouvernement tout le premier) quelle immense perte morale subirait le pouvoir après s'être ainsi *déclaré incapable de supporter la discussion et le contrôle ;* — et que l'idée de revenir, après une expérience de douze années, à la situation du 3 décembre 1851, avec le désavantage d'un essai infructueux *de libéralisme*, ne peut entrer dans la tête de personne : c'est *presque* une folie que de la prêter au gouvernement. »

Il y a dans ce peu de phrases qui paraissent claires et si bien liées, un monde de confusion, de contradictions fondamentales. L'abolition du régime administratif pour la presse et l'institution des ministères responsables, ce dernier pas qui nous sépare des gouvernements non pas *libres*, mais des gouvernements dits de liberté, ce qui est tout-à-fait le contraire, il s'agit bien de si petite chose ! Le régime constitutionnel et parlementaire est jugé pour le peu qu'il vaut par lui-même en effet. Ce *libéralisme* ne pourrait encore que reproduire la République, ou l'antagonisme officiel des partis, lesquels, comme ils ont déjà fait, chercheraient bientôt leur résolution commune en dehors de la légalité, dans une pure affirmation du droit et devant un obstacle commun. On ne revient pas en arrière, et le *libéralisme* n'est pas une faculté de l'autorité sous un régime d'opinion ou de droit pur. Donc, ces *concessions* ne sont pas compatibles avec les conditions du régime actuel, pas plus qu'elles n'ont été ou qu'elles ne seraient désormais compatibles avec l'existence durable d'aucun autre régime. La plus grande perte morale, aussi bien que la plus réelle, que pourrait subir le pouvoir, serait donc de se voir amené, contraint à de pareilles *concessions*, et de s'y résigner (1)

_____

(1) Exemple maintenant sous nos yeux ! (*Janvier* 1870.)

Nous le disons, tout cela n'est que réaction, illogisme, et la destruction même du principe du coup-d'état. L'idée de revenir, au contraire, non pas *à la situation,* mais à l'intelligence profonde, au génie caché dans les causes, aux grandes exigences de droit manifestées au 2 Décembre, à la vertu trop ignorée du coup-d'état de 51, est la seule idée secourable, salutaire, féconde, praticable. La *folie,* c'est de le nier.

Mais on revendique justement « la discussion et le contrôle. » Bien. Voilà un besoin vrai de l'opinion, une exigence de la conscience, une condition de sécurité pour le pouvoir lui-même. Et c'est au nom de l'ordre, de la Justice, qu'il faut réclamer l'exercice de cette faculté de l'opinion, de cette liberté du droit, non pas au nom de la liberté elle-même. Ah! qu'on nous parle comme ici de la liberté du droit et non du droit de la liberté ! A Liberté, si le pouvoir répond : c'est désordre, oppression ou injustice, — il faudra prouver que c'est droit. Commencez donc par écarter votre liberté prétentieuse et par corriger vos notions. « La liberté, c'est l'esclavage, » a dit un poète (1), dans une fable. Telle que vous l'entendez, elle est cela, et cette fable est son histoire.

La discussion et le contrôle, non de la part des coteries bavardes, des partis passionnés, vaincus, hostiles, mais au nom de l'opinion justicière, souveraine, intègre, selon le vœu de la conscience publique, sont aussi nécessaires au pouvoir qu'ils sont nécessaires au pays. Or, s'il est vrai, très-vrai de dire que le gouvernement actuel ne pourrait pas supporter, mieux d'ailleurs qu'aucun gouvernement précédent, le régime de la liberté (ou le déchaînement des partis), il est aussi vrai d'assurer que tout gouvernement de justice appellera la discussion et le contrôle pour sa sanction, son bénéfice, et qu'aucun gouvernement désormais ne pourra supporter longtemps

_____

(1) La Chambeaudie. Il parle de la liberté dans une société comme la nôtre, où elle devient privilége pour le riche et oppression pour le pauvre; luxe du fort, misère du faible.

l'absence d'un débat sincère, d'une investigation scrupuleuse, sa consécration obligée. La liberté, dès qu'on en parle, sans son obligation naturelle, est contradictoire à tout règne. Il n'y a que dans la Justice que la contradiction ne soit pas. La conscience, et non les visées du pouvoir, doit déterminer tous les actes ; la conscience, et non les visées du pays, doit régler l'examen et le contrôle. Pas plus de liberté que cela, mais celle-là, assurée, respectée : nous aurons de la liberté cent fois plus que nous n'en eûmes jamais, ou plutôt nous aurons enfin non-seulement la liberté, mais l'ordre, la stabilité, le progrès continu par-dessus le marché. Pratiquez, pratiquez la Justice, et tout vous sera donné par surcroît

XIII.

M. Prévost-Paradol reconnaît d'ailleurs que « l'Empire peut encore tout faire. » Aveu d'une virtualité propre ou d'une certaine vertu secrète qui est le fond même de l'Empire, qui certes n'est pas la liberté. L'Empire, toutefois, ne pourrait pas faire que les partis fussent libres par lui, sans bientôt en être dé-truit, sans perdre base et raison d'être. Le « couronnement de l'édifice, » entendu par la liberté, ne sera jamais, qu'on le sache, qu'un pur mirage pour les esprits, ou pour l'Empire que la plus décevante et la plus funeste illusion.

Le jeune écrivain doctrinaire présente de bien faibles raisons à l'appui de sa pétition de liberté juste-milieu. La plus forte, nous l'écrirons toute : C'est que « la veille et le sommeil, le mouvement et l'inertie, se succèdent invariablement.» C'est que, « parmi nous, surtout, avoir pensé et senti long-temps d'une certaine façon, est *le signe assuré* qu'on va bien-tôt sentir et penser d'une autre. Cette loi des esprits et parti-culièrement des esprits français, est *aussi bien constatée par l'expérience que peuvent l'être les lois les mieux connues de la nature.* » C'est qu'enfin « lorsque Socrate, près de mourir, fut délivré de ses fers, il dit d'une façon charmante à ses amis, que le plaisir et la peine se suivaient de près comme deux frères inséparables. » Hélas, tànt pis : n'en rions pas ! Le monde va donc de Charybde en Scylla ; il n'y a plus qu'à faire un choix de simple et pure fantaisie lugubre, ou de stoïque résignation, pour dire qu'on préfère pourtant l'un à l'autre. L'humanité s'endort chaque soir et se réveille chaque matin, cela ne saurait ,lui suffire. Il lui faut encore, paraît-il, de longues phases alternatives de lourd sommeil et de fiévreuses insomnies, et, si cela est *bien constaté*, elle s'agite fatalement tour à tour d'un extrême à l'autre , en passant (il le faut parbleu bien !) à son heure au juste-milieu, pour n'y faire qu'une sieste, un court rêve.

Voilà donc tout ce qu'est votre histoire ? tout ce qu'est votre politique ? Pour ce va-et-vient continuel vous nous *réveillez* de nouveau : ah ! Monsieur, laissez-nous dormir ; nous songeons au moins de justice, de progrès, d'un monde meilleur que nous montre la Vérité. Votre liberté est mauvaise autant que vous la dites impuissante, et votre monde, à vous, maudit. Laissez-nous dormir ; laissez-nous ! Courez tout seul d'un gouffre à l'autre, prenez votre plaisir aux ruines , allez de naufrage en naufrage avec les légers qui surnagent, les habiles qui ne sombrent point, et dites à d'autres que nous que la loi des esprits est ce mensonge, la loi de vie cette convention de mort. Puisqu'après votre liberté reviendrait la non-liberté, pourquoi nous déranger vainement? Si nous sommes dupes, assez de duperies ! Prenez leçon des orientaux ou tirez un sage exemple des trappistes : ils sont plus logiques que vous.

XIV.

Une doctrine fausse vicie les intelligences les plus vives et les esprits les plus charmants. Voilà le cas de M. Prévost-Paradol. Il voit superficiellement dans le mouvement des esprits, le caractère de la liberté. « Liberté ! se dit-il. J'en suis aise ; ma doctrine s'en voit satisfaite. » Et il cherche, sans rien pénétrer, quelle situation de là résulte pour le gouvernement qu'il bataille. Sans doute il y a fort à redire. Mais à côté de ce qu'on dit de juste, il ne faudrait rien dire d'injuste. Et si l'on comprenait au fond la raison des reproches qu'on élève, on se verrait débouté de droit dans la première et la plus haute des revendications que l'on formule. On ne parlerait plus de liberté ; on reconnaîtrait le coup-d'état ; on tirerait tous motifs de là.

Eh quoi, vous le proclamez sans le voir ! « Le mouvement des esprits, dites-vous, est-il dirigé contre le gouvernement lui-même ? menace-t-il directement son existence ? tend-il à une révolution ? *Rien jusqu'ici ne donne le droit de le penser ; tout, au contraire, doit nous détourner de le croire... Ce n'est point pour ou contre l'Empire qu'ont voté récemment les électeurs.* Ils ne se sont point laissé persuader que la question fût posée en ces termes, et, s'ils en étaient venus sérieusement à le croire, l'opposition aurait vu singulièrement diminuer ses chances de succès. »

Donc, les électeurs, d'après vous si attachés *à l'Empire,* ne sont pas si attachés à cette liberté, que l'opposition prône si haut et que vous réclamez avec elle. Ou bien, l'étrange fortune de l'Empire, si le pays, soit-disant épris de la liberté, le préférait, même sans elle, aux gouvernements libéraux que vous lui rappelez sans cesse, mais que le pays laisse conspuer, et qu'il a maudits et chassés ! Dans ce cas, que prétendez-vous, du chef d'une pareille toquade, envers la puissance charmeresse si bien aimée pour elle-même, chérie ainsi quoiqu'elle fasse, idolâtrée par dons secrets ? Il est clair que tout dépendra de son caprice et bon plaisir, et vos arguments sont néant, ou plutôt se retournent contre vous du pied de la hautaine adorée. Lui ferez-vous jamais franchir « ce pas qui la sépare encore » de votre idéal compassé, de votre autorité méthodiste, placide et sournoise, en ses libertés empesées ; de vos prétendus « gouvernements libres, » précisément haïs, méprisés, dont le

souvenir fait qu'on aime l'indocile, altière et ferme favorite.
Et si le peuple s'amuse, taquine, ainsi qu'il résulte de vos
dires, par ces petits retours d'opposition et ces semblants de
refroidissement; s'il ne cherche qu'à aiguillonner, comme un
vieux drille, sa propre ivresse en même temps que sa difficile
maîtresse, pour jouir d'un amour plus piquant en des exer-
cices nouveaux, craintif au fond de trop risquer, de lui dé-
plaire et de la perdre, quel est donc le rôle *des élus* dans ces
taquineries de débauche?...

Vous n'allez pas à votre but, vous servez bien mal vos amis,
vous voyez faussement ce qui est. Si tout était ainsi folie, ce
serait folie de parler.

Les justes reproches que vous faites sur « l'exagération de
la presse officieuse, et les malentendus que suscite inévitablement *l'abus* du patronage officiel, » ne sont pas fondés au
point de vue de la liberté, ils ne le sont qu'au point de vue de
la conscience, au nom du droit et de la justice. Car enfin que
demanderiez-vous si votre presse allait de pair avec la presse
officieuse, et si le patronage officiel se pratiquait en toute
équité, sans abus comme sans système? Au nom de votre
liberté qui tend de soi à l'absolu, vous ne pourriez plus demander que la domination pour vous, le privilége déplacé.
Donc, votre grand mot est impropre si c'est le droit commun
que vous voulez. Ne voyez-vous pas que toujours le droit
donne sens et mesure à la liberté, qui sans lui est le fléau de
tous les systèmes !

C'est le droit commun que le pays veut, c'est le droit pur
auquel il s'attache, le droit réel hors des fictions, dont le
règne lui fut annoncé par le coup-d'état de Décembre. Et c'est
pour cela, voyez-vous, qu'il est engagé à l'Empire, dans lequel il espère encore (ainsi que vous le montrez sans le comprendre), et non à l'opposition *libérale*.

Votre observation porte à faux, quand, parmi vos plaintes,
vous parlez « des inconvénients d'un système électoral qui

semble mettre aux voix dans chaque élection *le principe
même du gouvernement.* » Ici, vous êtes plus autoritaire que
libéral, plus absolutiste que l'empire, et vous méconnaissez
totalement la souveraineté du peuple, le suffrage universel,
« le principe même du gouvernement. » Mais ce n'est pas sur
quoi nous voulons insister à présent.

Malgré le caractère confus et les résultats empiriques des dernières élections, on peut dire que c'est *ce principe*, qui seul,
en soi, a triomphé. Car les électeurs sont restés et resteront de
plus en plus sous l'influence de ce principe, et la politique
des partis, pas plus qu'une politique contraire de la part du
gouvernement, ne les en détacheront jamais. Ce principe est
la vie du peuple et la conscience de sa vie. Ce n'est qu'en se
plaçant lui-même en dehors de ce sentiment que le gouvernement s'isolera et se pourra voir compromis. Le pays ne
variera pas sur le fond, qu'on en soit bien sûr. Il a le droit,
il le gardera, d'autant plus qu'il le comprendra mieux.

Nombre d'électeurs, en effet, ont bien voté sur le principe,
non sur l'usage qu'on en a fait ou sur la politique suivie, parce
qu'on les a mis en demeure, parce qu'on leur a posé le dilemme entre le droit et la liberté. Dans cette équivoque, peu
de votants ont su démêler clairement la vraie conduite politique à garder. Les uns ont affirmé le droit pour le défendre
des partis, en remontant au coup-d'état. Les autres sont
revenus aux partis, croyant rappeler par eux le droit, — le
droit du coup-d'état lui-même, — promesse faite sous le nom
de liberté. Les uns plus effrayés que déçus ont voté le bill
d'indemnité; les autres plus déçus qu'effrayés, ont voté le
rappel à l'ordre. Au fond c'est la même intention, et c'est
une pareille leçon pour l'opposition et le pouvoir. Tous deux
ont tiré quelque fruit de cette confusion des termes et de ce
trouble des esprits; mais tous deux en devraient tirer enseignement.

Aux dernières élections, le pays a commencé à voir la contradiction organique dans les conditions du régime et les

incompatibilités qu'il y a entre la politique suivie et le principe fondamental, sans savoir encore comment faire. Il a donné avertissement, au bénéfice du principe, seul appui du gouvernement. Le coup-d'état a de nouveau triomphé, non pas le système du pouvoir ; le droit seul peut s'en prévaloir. Le peuple veut fidélité, logique, dans l'exercice du principe, dans le développement du droit. Il ne marchande pas sa confiance, mais ses exigences sont rigides. Il s'inquiète fort peu en somme de liberté ou de légalité quand cela ne signifie pas droit et que cela au contraire signifie système.

Quand on a intuition du peuple, on reconnaît même dans ses erreurs et ses revirements choquants, l'identité de sa conscience, sa sollicitude pour le droit. Bien certainement, jamais plus aucun gouvernement ne vivra, qui voudra s'arranger pour vivre contre ou sans l'opinion publique. Elle est encore opaque, troublée, convulsive, vagissante, à peine encore prenant vaguement une première intelligence d'elle-même, et déjà elle est la seule puissance définitive, incontestable ; déjà elle est prépondérante (comme seule désormais efficace, virtuellement vivante) dans toute question capitale. Elle remplace, en se l'assimilant, cette raison des choses, auparavant toute grossière, aveugle et inconsciente, fatale dans son mouvement, providentielle en ses conséquences, maintenant s'éclairant, anoblie et morale, seule propre à tenir le sceptre et que l'on ne peut pas éluder. — Providence et fatalité prennent par elle raison dans l'homme et le font souverain du *fatum*.

XV.

Mais s'il est possible de dire qu'aux dernières élections, grâce surtout à un état de choses spécial, le pays en effet a voté sur « le principe même du gouvernement, » qu'on lui présentait à défendre, il ne s'en suit pas pour autant que ce soit là *un inconvénient* inhérent au nouveau système électoral.

Bien au contraire, le principe du gouvernement étant la souveraineté du peuple, l'opinion, on ne peut pas dire proprement qu'il puisse être mis en question par aucun vote populaire. Toute élection, par le fait même, l'affirme et le consacre au contraire. La souveraineté de l'opinion ne saurait dépendre de personne ni d'elle-même, ni d'un gouvernement quelconque ni du suffrage universel. Elle est comme un fait de nature, une nécessité publique à un âge de la vie sociale. Elle est enfin parce qu'elle est. C'est un malheur de voir penser encore qu'un pareil principe soit douteux ; toutefois c'est une consolation que de pouvoir haut affirmer qu'il ne sera plus détruit, et que l'existence du gouvernement pourrait à la rigueur « être remise aux voix », combattue, modifiée, changée, sans que le principe fût atteint. C'est donc en lui et de lui qu'il faut vivre. M. Prévost-Paradol là encore s'est mépris gravement. Son esprit est préoccupé des conditions de l'ancien ordre, où le principe, de pure convention, se confondait dans le gouvernement et tombait avec le système. Ces choses sont tout-à-fait distinctes maintenant, et le principe seul, indépendant, subsiste par sa propre virtualité. On est entré dans *le réel* bien qu'on ne s'y reconnaisse pas encore.

Du reste, on restreint beaucoup trop le sens de souveraineté du peuple ou le sens d'opinion publique, en l'attachant, comme on le fait, presque exclusivement au suffrage. Le suffrage universel est sans doute une source considérable où bouillonne l'onde vive du droit et comme un remous de l'opinion. Il n'est cependant que cela : une source, fort importante et en même temps fort dangereuse, d'informations, de renseignements. Mais l'onde vive de l'opinion a des courants nombreux, divers, et d'autres affluents cachés d'où elle coule souvent plus claire dans un lit plus large, plus profond, où s'enflent des flots plus puissants. Ce sont les mouvements de la vie dans tous les sens et tous les ordres. Le suffrage ne représente pas leur image complète et fidèle. Aucun vote ne saurait reproduire l'expression intégrale, parfaite, du moins d'une façon expli-

cite, de la souveraineté vivante, de l'opinion réelle, active.
Le suffrage n'est pas même toujours identique à l'opinion, à
plus forte raison lui est-il bien moins encore nécessairement
adéquat. Il n'est pas même toujours un pur rayon du prisme,
comment serait-il donc le spectre complet, harmonieux, d'un
soleil qui ne brille encore que derrière des nuages épais ?
Il n'est qu'un signe, un mouvement, une manifestation, un
temps, une lueur ou un reflet ; il n'est pas un type certain ni
une figure infaillible de la conscience générale et de la vie
universelle, qui sont toujours en permanence, n'ajournent
jamais leurs effets, ne s'aliènent ni ne se localisent, ne se spé-
cialisent sur rien, et qui émeuvent sans cesse l'opinion malgré
partis-pris et tendances, sur toutes choses et de tous côtés.
C'est dans ce fond, c'est sous ces mystères qui veulent être
pénétrés, que résident, dans leur toute-puissance irrésistible
et redoutable, la vraie souveraineté, l'opinion publique réelle.
Les images qui nous viennent d'elles et apparaissent à la surface, éclatent à la fois de mille parts, avec des différences sans
nombre en leur unité radicale. Il faut donc que la Vérité une,
immuable, seule Providence, soit approfondie, pénétrée, puisqu'elle ne se révèle entière en aucune de ses mille sources et
qu'elle se révèle diverse en toutes ses sources réunies.

La source où l'on ne reviendrait puiser que rarement, à de
longs termes, ne suffirait pas d'ailleurs, — qui ne le voit ? —
eût-elle seule toute l'onde efficace, à désaltérer comme il faut
l'ardeur et la vie incessante d'un peuple et d'un gouvernement toujours stimulés dans leur œuvre et toujours altérés de
forces nouvelles. C'est à cause de cela que certains démocrates
demandent la souveraineté directe, permanente, toujours en
fonction. Mais il y a mille inconvénients, et le peuple d'ailleurs ne *se sait* point : il lui faut l'initiation loyale.

On peut donc troubler le suffrage et perturber même avec
lui d'autres sources de l'opinion, sans qu'il soit pour cela
possible de s'affranchir du besoin d'elle et de la conditionner
en soi. On se prive de ressources au contraire. Car enfin, le

4

courant vif passe au large, roulant l'onde hors de portée ; les agitations et le trouble restent aux bords, et l'on n'a battu que sur les rives (où l'on avait besoin d'eau pure !) les eaux de l'incorruptible Océan. Le flux et le reflux sur les côtes, influent-ils sur la mer immense, et sont-ils eux-mêmes l'Océan ? Les clapotements qu'on y mêle seraient jeux de maladroits enfants, s'ils n'étaient imprudences terribles et fautes pernicieuses des hommes.

Tout ce qui est dans la conscience se traduit dans l'opinion et ne se traduit pas dans le vote, et tout ce qui est dans la vie ne se traduit que par la conscience pour passer dans l'opinion. Le peuple peut se tromper au suffrage : il se prononce sur des noms d'hommes qui sont des promesses, des espoirs, à peine des approximations, et qui le passionnent dans le débat ; ou sur des points spéciaux, obscurs, qu'il décide selon circonstances. Ce sont aventures ou coups de tête, entraînements qui ne le changent point. Lorsqu'un peuple ainsi s'abandonne par enthousiasme ou confiance, par crainte ou par laisser-aller, ce qui provient de son ignorance et procède de sa foi borgne, c'est toujours contre son opinion, contre sa volonté secrète. Rentré en lui, il redevient lui, hostile alors à ce qu'il a fait, ennemi tranché sans le savoir des choses qu'il a consenties, maladroitement encouragées, et qu'il consacre même encore de son adhésion bénévole. Son intention est certainement d'engager à lui ses élus et non de s'engager à eux : les professions de foi le constatent. Il compte donc sur ses élus plus qu'il ne compte sur lui-même, les croyant experts s'il ne l'est pas, et habiles autant que dévoués, ainsi qu'ils s'efforcent à le dire. Il leur donne son vote sans réserve, mais il garde son opinion plus ombrageuse et plus jalouse. A eux de la savoir comprendre et servir : c'est leur mandat ; c'est l'engagement qu'ils ont pris. Le peuple ne se croit pas lié, et ne se trouve pas inconséquent de désavouer ses mandataires, qui prétendaient le connaître mieux qu'il ne se connaissait lui-même, et qui, s'ils le lèsent, l'ont trahi. Car enfin, sa nature

est incommutable, et un peuple ne se peut obliger, avec
science et conscience, par aucun acte de libre arbitre, contre
ce qui est sa vitalité, la condition de son existence, contre ses
vœux, ses intérêts, ses affections de famille, ses relations
d'affaires et autres, ses sentiments de cité, de patrie, d'humanité, ses besoins de chaque jour, ses aspirations perma-
nentes, ses croyances et ses tendances ; contre ce qui est
toujours, partout, l'objet de son travail et de ses mœurs, la
raison même de tout son être ; contre ses vues particulières,
ses applications générales, contre sa substance et son essence.
Et, quoiqu'il prononce ou consente, le peuple ne renonce jamais à sa poursuite traditionnelle, la recherche de son progrès ; à son esprit de conservation et de suite ; à toutes les
spéculations enfin, soit vagues ou déterminées, instinctives
ou intelligentes, de ses individualités sociales, par l'ac-
croissement de la Justice. Or, c'est tout cela l'opinion,
éparse, divisée, contradictoire en ses innombrables éléments ; mais solidaire dans ses rapports, une dans sa loi,
dans son principe, dans sa fin, harmonieuse dans son ensemble, voulant une balance commune et un mouvement synthétique. La résultante de tout cela est ce qui fait l'âme collective,
ce qui est la seule force souveraine, et la chose essentielle au
pouvoir est de tirer cette résultante avec une conscience ferme
et lucide du fond même des consciences obscures.

Si bien donc, on le reconnaîtra, qu'une majorité peut ne
pas répondre du tout, dans une situation donnée, sur une
question proposée, conformément à l'opinion de ceux-là mêmes qui la composent cependant. Si bien qu'un gouvernement
peut tomber sous le coup de l'opinion, avec une majorité qu'il
croit tenir d'elle. C'est ce que nous avons vu sous Louis-Philippe... Mais, dira-t-on, c'était le suffrage restreint : une
fiction ! — Eh bien, c'est ce que nous avons vu mieux encore
sous la République. La majorité était bien constitutionnelle
certainement, et les représentants du peuple tous jurés à la
République : le suffrage, — universel ici, — ne fut-il pas

aussi une fiction? C'est que le suffrage s'égare et qu'il n'égare pas l'opinion : Ainsi que la légalité, en soi, n'est pas la même chose que le droit; ainsi suffrage universel n'est pas même chose qu'opinion. C'est que l'esprit ignorant ou séduit varie facilement de oui à non, mais que la conscience ne vacille point ; elle est toujours immuable au fond, tendue au droit, qui est lui-même comme la volonté mystérieuse des choses en même temps que l'âme des personnes. Quand on dit « l'instabilité du peuple, la versatilité de l'opinion, » on ne se comprend pas assez soi-même. Et les étrangers, devant nous, témoignent d'un mépris outrecuidant, ridicule, en parlant de notre inconstance et de notre légèreté folles comme de vices animiques marqués au fond de notre histoire. Ils prennent l'ombre pour le corps et le Pirée pour un nom d'homme ! On citera des revirements superficiels, touchant des formes. Mais je défie que l'on cite un fait, depuis 1789, pour ne pas remonter plus haut, montrant que la France soit sortie du grand chemin de sa Révolution. Je défie qu'on cite un exemple qui prouve que le peuple ait reculé dans le droit et dans la Justice, et qui ne prouve pas, au contraire, qu'il y a sans cesse progressé, même malgré sa plus chère idole, même contre la liberté. Toutes ses révolutions ont été marquées du sceau de la logique; mais hélas! (comme d'ailleurs il les a faites d'instinct,) on ne les a jugées le plus souvent que sur les trompeuses apparences, selon des systèmes ou des mots, sans idées et sans recherches au fond. Les superbes commentateurs et les merveilleux interprètes sont mille et mille fois plus légers, historiens ou politiques, que ce peuple qu'ils prennent en pitié ou dont ils se gaussent hautainement, tout en le courtisant à-propos. Et ce sont leurs déclamations et leurs pitoyables verbiages qui rendraient le peuple sceptique, immoral et sans conscience, se croyant abusé même du droit, désespérant de la Justice, — et qui ainsi perdraient la France comme un autre empire romain, — si l'ignorance, en cela heureuse pour le peuple, ne le préservait pas au moins de la mortelle contagion des sophismes et ne sauvegardait son bon sens ; si elle n'enveloppait son âme, son âme épaisse mais solide, alors que les mœurs s'amollissent et que les esprits se corrompent dans les régions efféminées où le « peuple grossier » reste incompris et dédaigné.

Oui, la frivolité n'est si grande, la corruption si dangereuse, que chez ceux que la Vérité poingt au cœur et qui ne la veulent point entendre, se libérant d'elle par *l'esprit*. Qu'ils courent donc à la liberté, ou à l'autorité, s'ils veulent ! Mais, nous pouvons le leur prédire, l'âme du peuple n'est pas avec eux, et tous leurs systèmes seront faux. L'opposition assermentée, pour ici ne parler que d'elle, jamais ne gagnera l'opinion, et même n'aura majorité en France dans une passe électorale : cela impliquerait contradiction. La contradiction radicale jamais ne pénètre l'âme du peuple, qui s'en dégage violemment. Vous auriez la guerre civile avant d'obtenir ce vote là. Car, dans l'ordre constitutionnel, si le pays un jour sent son droit séparé malheureusement de la politique du pouvoir, quand il verra le principe faussé, il s'abstiendra, se refusera : tout sera dit (1).

_____

(1) La situation faite à l'Empire ne résulte-t-elle pas de cette *abstention*, dans le vote en partie et dans l'opinion en général ? Personne *de fait* ne l'a attaqué en cherchant à l'appréhender, n'a mis la main sur lui ; mais seulement personne ne le soutient plus (à titre de *régime personnel*). L'opinion s'est retirée, ou du moins s'est révélée cette fois, propre, distincte et séparée : l'Empire isolé est sans force, abattu...

L'Empire, ensemble dictatorial des institutions personnelles (despotiques) de 1851-52 n'est-il pas en effet bien mort à cette heure ? mis au suaire, lié dans le linceul ?.., Le reste n'est plus qu'une conséquence.

Les appels au soulèvement de la province contre les croque-morts trop pressés de la capitale impatiente, — appels que je lis avec pitié autant qu'avec indignation dans les feuilles de nos vieux préfets (Voir encore le *Journal du Loiret* du 22 janvier 1870 !) — ces appels ne le ressusciteront point.

La publication du présent livre aurait pu lui être plus utile, il y a déjà cinq ans. C'est maintenant trop tard... Je puis dire que le préfet de mon

L'opinion publique est souveraine. Ses arrêts sont les suprêmes lois. On ne vit que de son assentiment ; s'il n'est réel, il le faut du moins apparent : mais on ne vit pas longtemps d'apparence ! Elle est la seule base positive, et, la base se retirant, l'édifice est sans fondement et l'autorité suspendue. *Ipso facto* (1).

XVI.

M. Prévost-Paradol, en somme, croit ne se pas montrer exigeant. Il ne demande qu'un peu plus de liberté. Mais si le peu qu'on en a déjà, grâce à l'usage que l'on en fait suffit à troubler les consciences, à embarrasser le pouvoir, comment en augmentant la fièvre peut-on croire les rasséréner ? La cessation du régime administratif pour la presse et le rétablissement de la responsabilité ministérielle, nous voilà revenus d'emblée à ce qui fut sous Louis-Philippe. Faudra-t-il des lois de Septembre ? On ne le dit pas. Certainement il en faudrait. Le constitutionnalisme, pur ou non, n'est qu'arbitraire et privilège. Le parlementarisme n'est que le règne des coteries, des factions bavardes et haineuses. Encore une fois, comme si la presse n'était pas assez confuse, malfaisante, dans les conditions où elle est, sans augmenter l'épais chaos qu'elle produit et qu'elle entretient ! Comme si l'institution des ministères responsables ne ressusciterait pas bientôt la guerre pour les portefeuilles, les petites intrigues, les luttes mesquines au milieu desquelles la France s'est si longtemps consumée, pervertie ! Le régime parlementaire eut, comme transition, sa raison d'être, sans doute. Il a fait son temps, heureusement ! Ou

département, en empêchant alors cette publication, a singulièrement mal servi l'Empire, aussi mal que le ministre d'État Rouher. On n'est jamais trahi que par les siens. (*Janvier* 1870.)

(1) Voir à l'Appendice note C.

du moins il ne reviendrait que modifié, démocratisé, lié insé-
parablement au droit, c'est-à-dire déchu de son titre légal,
condamné dans sa doctrine par avance, et comme une dernière
et courte transition. En solliciter le renouvellement pur et
simple, c'est être rétrograde aussi bien que si l'on demandait,
avec d'autres, le rétablissement du droit divin dans toutes ses
conséquences forcées ; c'est perdre son temps en paroles qui ne
peuvent plus rien produire que des agitations stériles ou des
révolutions trompeuses. Car, si je me suis fait comprendre, on
a vu qu'il ne peut plus y avoir en France de Révolution radicale, même par changement de gouvernement, puisque le
principe d'État ne saurait plus être mis en question. Un changement de gouvernement ne sera donc plus désormais que
comme un changement de ministère par la volonté du souverain. Et ce que la vaine liberté réclame serait-il donc la destruction du principe qui ferme l'ère des révolutions? le retour
à la légalité, maîtresse despotique du droit? l'annulation du
plus grand progrès politique dont le pays ait voté l'entreprise
et dont il veuille l'accomplissement? Sous le suffrage universel, la loi ni personne ne limite ce que le droit ne limite point
dans la conscience universelle. Le système parlementaire, la
liberté constitutionnelle, lèsent le droit et bornent l'opinion
dans un cercle vicieux impossible. En rendant la vigueur aux
partis, ils feraient rebrousser l'histoire, si le peuple perdait
jamais la logique de son instinct, ou le pouvoir le sens intime
de sa propre conservation.

Non, vous n'obtiendrez jamais cela : inutile de revendiquer !
Le *juste-milieu,* dont vous êtes, se pose comme un extrême
contraire à la fois devant l'autorité, devant la liberté aussi,
qu'il invoque sans les comprendre. En réalité, il sépare ces
deux grands éléments de l'ordre qu'il prétend réfléchir en lui.
Sa doctrine est un pur néant, une fantaisie, un artifice, pas
même une fiction de la conscience : elle n'est qu'une aberration de l'esprit. Les deux termes nécessaires au droit ne se
concilient que dans le droit et ne se distinguent plus de lui.

Les doctrinaires sont les pires des démagogues. Leur rêve serait d'en revenir à *la meilleure des Républiques*, où tout de la République fut pour eux.

XVII.

D'autres clercs de la liberté demandent plus, sans tendre aussi loin. Ils veulent la liberté absolue, ou le désordre comme condition de l'ordre! Ils entendent ne rien changer au reste, si ce n'est assurer encore mieux la prédominance aux plus forts. Ils se soucient peu de foi dynastique, de culte à la fidélité : ils sont utilitaires avant tout. Les intérêts! Les intérêts!

Les doctrines ou les systèmes sont choses ineptes à ce point de vue, la liberté favorisant d'elle-même les plus habiles, respectant les états de fait, consacrant les positions prises et sanctionnant le savoir-faire. Un absolutiste empirique tel que M. de Girardin peut seul ainsi oser prétendre que la liberté se compose de toutes licences et impuissances, que tous les excès se compensent et que tous les arbitraires s'annulent. Alors ce serait l'immobilisme, le point d'arrêt là où nous sommes, si cette liberté aujourd'hui commençait son agitation folle et ce travail de Pénélope. Que devient la notion du progrès, quelle est la destinée, où est l'affirmation du droit en cette belle conception d'absolu? Oui, les instruments accordés, bien maniés, en mesure, selon la notation donnée, forment véritablement un concert; mais désaccordés comme ils sont et manœuvrés à l'aventure, ils ne feraient de nouveau rien qu'un effroyable charivari. Personne ne le supporterait. Un chef d'orchestre tout trouvé, ou bien un autre, tel ou tel, ferait cesser l'affreux vacarme en imposant silence aux masses et triant de rares virtuoses pour consoler le mutisme des autres. Nous avons déjà vu cela. Pourquoi vouloir recommencer? La liberté, si peu que ce soit ou tant qu'on veuille, ne peut produire par elle-même rien de fécond ni d'efficace. Et, dans certains rapports sociaux, si elle est le déchaînement politique du peuple (en théorie!) elle reste sa camisole de force. Dans le système de M. de Girardin, elle est le meilleur moyen d'oppression (1).

M. de Girardin est, ce dit-on, l'un des premiers industriels de notre temps, l'un des grands pères de la réclame, de la publicité adroite. Je suis sûr que ce n'est pas encore plus de liberté pour les faiseurs que le peuple entend réclamer quand il en demande un peu pour lui. Le *laissez-faire laissez-passer* systématique est l'écrasement de la plèbe, une oligarchie combinée des praticiens de l'exploitation, spéculateurs en liberté et rusés pêcheurs en eau trouble. C'est ce sentiment faux de la liberté qui a engendré parmi nous l'esprit d'égoïsme desséchant, l'esprit de spéculation dévorante, et le scepticisme général. Tactique d'ennemi et amour d'ogre, que de livrer les unes aux autres toutes les forces de la nation pour les réduire d'autant mieux à l'usage que l'on en veut faire, sous l'apparente sanction d'un droit, d'une pratique admise, reconnue! Machiavélisme des tiers larrons! Vous dites que les mauvais effets s'annulent : « Si la liberté est poison, elle est aussi contre-poison. » Pas tout ensemble et à la fois!... Mais admettons : Il y a double vibration très-malfaisante, dans ce cas; poison deux fois, à contre-sens. Quel organisme tiendrait à ce jeu? Les plus fortes constitutions s'en ressentent et par la continuité dépérissent. Les doses seront-elles équivalentes, aujourd'hui, demain et toujours? Sinon, ne voyez-vous pas la mort? Et en tout cas, si l'on ne meurt pas, dites-nous donc si c'est là vivre? Si les mauvais effets s'annulent, est-ce que les bons ne s'annulent point? Enfin, — pourquoi discuter cela?—

---

(1) Et je ne sais pas ce que réclame aujourd'hui M. de Girardin, au nom de la liberté absolue? Nous avons *la liberté absolue!* Le Césarisme n'est que cela. Nous sommes en plein dans *son principe*. Chaque citoyen fait... ce qu'il peut, et le gouvernement aussi fait... ce qu'il peut. Seulement le gouvernement est écrasant, les citoyens sont écrasés. A qui la faute? C'est *la liberté absolue!*...

si la liberté se prête à tout, elle n'est pas le principe salutaire (1).

Mais vous dites que le bien l'emporte en définitive toujours. D'accord : le souverain bien, la Justice, croît toujours naturellement ; la Justice avance toujours, alors même qu'elle écrase un peuple. Mais ce n'est donc pas un effet de la liberté même, puisqu'elle se prouve contradictoire et que vous prétendez de là qu'elle se résout en impuissance. Impuissante ! elle ne l'est pas. Elle produit aveuglément le bien et le mal, mais comme action de la vie elle ne saurait être sans portée. Elle use en tout cas l'organisme et désenchante l'idéal. Soumise au droit elle est le progrès, maîtresse d'elle-même elle est le fléau. C'est par la raison, qui ne l'emploie qu'au service de la Justice, qu'elle a servi la société, pris racine dans l'âme des peuples. Elle relève de la conscience, où elle n'est point une idole. L'erreur qui la fait prendre elle-même pour l'image de la conscience, vient de ce qu'on lui attribue tant et tant de travaux généreux, qui ont été l'œuvre du droit, dont elle n'a été que l'instrument. Ah ! sans doute, comme dans la jeunesse la passion déborde la vie, pour conduire l'homme à la sagesse par l'expérience nécessaire, ainsi la liberté emplit certains âges de la vie des peuples pour stimuler les consciences, pour les tremper de leurs propres forces et leur donner le sens d'elles-mêmes. Mais si ces heures d'affranchissement ont leurs enivrements de nature et leur utilité de raison, il n'en est pas moins un non-sens d'y vouloir retenir les âmes, d'y marquer le but de l'existence. L'âge mûr vient enfin pour l'homme, qui, à l'épreuve de la passion, la concilie dans le devoir pour s'élever en dignité. La maturité vient de même pour les peuples, qui, libérés, résolvent la liberté dans le droit pour s'agrandir par la Justice. L'homme mûr qui vit en jeune homme est appelé libertin, débauché. Le peuple affranchi de con-

---

(1) LE PRINCIPE, seul habile, domine tout, régit tout, favorise tout ce qui s'y accorde, ne se prête à rien de contradictoire.

science, qui s'en tient à la liberté, n'est aussi lui qu'un insensé, un corrompu, un débauché, un libertin.

Les libertins ont leurs doctrines : pour eux la passion est sainte. Pour les libéraux, tout de même : ils disent la sainte liberté ! Mille conséquences funestes s'en suivent : l'art pour l'art, l'amour pour l'amour, l'esprit pour l'esprit, la vie pour la vie en chaque ordre, la *radieuse* fantaisie, et la dépravation intense !

M. E. de Girardin est un sophiste qui souvent semble pérorer avec bon sens tout en frondant le sens commun. Il a des arguments d'un ton concluant contre ses adversaires illogiques, et sa logique dans son système est dépourvue de simple raison. Son système, il le résume en deux mots : *Paix, Liberté.* Pour sa paix, c'est une question de chiffres : il oppose les gros aux petits. Il va jusqu'à conseiller aux Danois de laisser prendre leur capitale aux austro-prussiens s'ils la veulent ! Le droit pour lui ne se comptant pas, il ignore que le droit qu'on maintient triomphe même de la victoire, et que le droit qu'il abandonne fait seul l'irréparable défaite d'un peuple. « O guerre, que tu es bête ! » a écrit M. de Girardin (1). Quelle guerre? Il ne distingue pas. O sophiste, que vous êtes vain !

Quant à sa liberté, on sait qu'il la veut complète, absolue. Ce serait la guerre à l'intérieur, et comme conséquence au dehors : anarchie et conflagration. Cela n'empêche pas de faire tapage, de ressasser thème sur thème pour la paix et la liberté, qui ne se supportent pas l'une l'autre.

XVIII.

M. Guéroult serait plus logique : il veut la liberté et la guerre. La liberté, de sa nature absorbante et envahissante, ne se peut satisfaire d'elle-même. Par son propre débordement

---

(1) Il a voulu cependant la guerre contre la Prusse en 1866 !

elle suscite ses antagonismes. De toutes forces opposées, elle
se déclare ennemie. Or, comme elle n'est rien, de soi, que
l'action des forces contraires, elle est par essence un conflit;
elle se combat elle-même. Mais un peuple ne se dévore pas.
Bientôt las de sa liberté, il s'abrite sous un despotisme, qui
prend pour exubérance de vie les agitations et transports, et
qui, redoutant pour son règne les durs effets de la liberté, dé-
tourne le torrent sur le monde afin d'épargner la nation. Ou,
si le peuple a gardé quand même son enthousiasme et sa foi,
il attribue ses maux intimes à l'insuffisance chez lui de la
liberté qu'il possède; il faut qu'il la complète au-dehors : il
invente la *guerre solidaire*. Peut-être alors la liberté lui don-
nera-t-elle ce qu'il en attend? Point. La liberté, par la guerre,
n'engendre encore que le despotisme, et la nation s'en console
un moment dans l'ivresse, grâce à ce qu'on appelle de la
gloire! Guerre et liberté sont même chose, ou du moins ont
même conséquence. M. Guéroult serait très-logique, s'il entendait la liberté comme l'entend M. de Girardin... et s'il
s'avouait qu'il la veut perdre.

Il l'entend tout différemment. Sans trop bien définir ses
termes, il veut une liberté légale, réglée en nombre, poids et
mesure par une sorte de convention; un peu plus que ne sollicite le juste-milieu des *Débats,* beaucoup moins pourtant que
ne réclame l'absolutisme de la *Presse.* Sur quoi d'abord je
répéterai que l'emploi du mot est abusif. Puisqu'il ne s'agit
que de liberté, selon vous, comment chercher en dehors d'elle?
et comment demander en son nom des conditions qui la muti-
lent? Au nom de quelle puissance supérieure pouvez-vous la
discipliner, la réduire en charte privée? N'est-elle donc pas un
principe? Un *principe* ne se suffit-il pas à lui-même?... Est-ce
le droit que vous invoquez? Ne parlez donc plus de liberté.....
Non, vous n'invoquez que *la loi, une constitution* dite *garantie.* Vous demeurez dans cette fiction! Vous en revenez à
ce rêve! Quoi! avez-vous tant oublié qu'une loi qui garantit,
en cela, s'empare de l'autorité même, soumet tout à cette

autorité, tient la liberté dépendante; que par le fait elle la restreint, partant ne la respecte pas, la croit ennemie, dangereuse, la redoute par-dessus tout? Qu'elle se préserve tout
aussitôt contre la garantie qu'elle donne, parce qu'elle craint
les usurpations de la liberté empiétante? qu'avec la tolérance
légale marche la répression légale? qu'une dose de liberté
quelconque ne sert au peuple, qui, par erreur, n'attend rien
que d'une liberté plus grande, qu'à en exiger davantage? que
la loi apparaît alors menaçante au pouvoir qu'elle gêne, comme
elle apparaît illusoire au pays qu'elle entrave sans le servir?
que pendant que le pays s'émeut, s'agite, se soulève *in-petto,*
le gouvernement inquiet travaille à détourner le fléau, emploie
l'éloquence et le sophisme, l'intrigue et la corruption, le doctrinarisme hypocrite, l'arbitraire, la ruse, le mensonge, et la
violence même s'il peut, tous les moyens bons à le couvrir
contre les effets de la loi, en attendant qu'il la rapporte ou soit
contraint pour son salut d'y poser une main téméraire, ou que
le peuple la renverse?

Car enfin, sous une constitution-*garantie*, la loi prise
pour suprême raison, la loi évidemment devient tout : salut
public, raison d'État, condition de l'ordre ! Ses ministres,
ses représentants, règnent et gouvernent en son nom. Une loi
dite de liberté n'est donc qu'un contrat d'esclavage déguisé.
Elle n'offre d'issue à personne que par entreprise violente,
coup-d'état ou révolution. Elle condamne le gouvernement à une conspiration permanente contre le peuple,
et le peuple a une conjuration également permanente
contre le gouvernement. La liberté légale, hélas! n'est pas
plus la vraie liberté que la liberté absolue. Elle divise ce qui
doit être un; elle subtilise la vérité; elle est erreur, mensonge, attentat, mutilation, négation de la vraie Loi, cause
d'arbitraire et de désordre, et, comme elle perturbe le droit,
elle tombe sous la Révolution.

La liberté ne se constitutionnalise pas. De sa nature elle répugne à toutes formules déterminées, à tous arrêts, défini-

tions. Elle est la faculté du droit, lequel est progressivement, ou de plus en plus et de mieux en mieux, reconnu, dégagé, appliqué, mais qui ne peut jamais être limité, c'est-à-dire entravé, lésé, violé par la loi. La loi est une usurpatrice quand elle n'est pas soumise en tout à la raison même du droit. La liberté ne se définit et n'est constituée qu'en lui. Proclamez le droit et le pratiquez! En le respectant, faites qu'on le respecte : ne vous occupez plus de liberté. C'est son affaire et non la vôtre; votre esprit s'y userait en vain, en usant la France à la fois.

A quoi sert-il d'avoir vécu, d'avoir touché, vu tout cela, pour revenir à des errements dont le droit pur s'est affranchi, en les jugeant et condamnant?

Cette liberté n'est donc qu'un leurre. Mais ceux qui s'y attachent toutefois, devraient voir qu'elle se refuse aux exigences de la guerre : elle est le contraire tout à point de la liberté absolue; elle veut la paix à tout prix pour la conservation de son système-borne. Il y a des déductions forcées : Louis-Philippe l'a bien montré, l'homme pacifique dont on rit parce qu'il voulut être fidèle aux conditions *sine quâ non* du régime constitutionnel! Ce n'est pas le roi qui craignait la guerre; c'est la logique du régime qui la lui rendait impossible. Eh bien! voilà M. Guéroult qui veut une liberté de ce genre, liberté constitutionnelle, et qui veut la guerre *par principe* en même temps! Comme si le premier effet d'une telle guerre ne serait pas précisément de faire taire toutes les libertés gênantes, y compris la plus gênante de toutes en pareil cas, celle de la loi! La guerre a sa loi elle-même et ne souffre pas d'autre liberté que la sienne, parce que la guerre a le sens du droit et qu'elle dicte la raison des choses. Parler de guerre, c'est avouer qu'on ne sait pas ce qui est le droit, c'est invoquer le sens des choses, le *fait brutal* si méprisé! pour en recevoir la révélation, et c'est confesser hautement la plus complète infirmité politique.

Paix et Liberté ne vont pas de pair. **Guerre et Liberté** ne vont pas mieux. Liberté ne va pas toute seule. C'est que la liberté est enfin le dissolvant de tous les systèmes que l'on ne rapporte qu'à elle ou que l'on combine par elle. Elle ne peut qu'être combinée. Elle l'est de fait dans le droit seul.

XIX.

Rien n'est terrible comme l'esprit qui s'agite, enivré de lui-même, hors la stricte règle de raison! Ceux qui parlent pour le pays pensent à tort et à travers, doctoralement; le pays, troublé de toutes parts, pense encore peu spontanément. Cependant, l'esprit remue partout; de là les symptômes effrayants.

La guerre! La guerre générale, — on dit aussi guerre *de principes!* (1) Chaque saison nouvelle en rapporte la menace terrible, en inspire la poignante crainte. Presque toutes les questions la présentent. Et pourtant il n'est pas un pays d'Europe auquel une guerre générale saurait aujourd'hui convenir. Désastreuse pour les pouvoirs établis autant qu'elle serait malheureuse pour tout le monde, et qu'elle pourrait être fatale au sort particulier de la France, la guerre a les effets vertigineux de l'abîme sur les têtes faibles; mais la raison des choses, qui commande en définitive et qui châtie si on ne l'écoute, la démontre impossible à l'esprit ferme, au sens rassis. Quand on se pose la question : L'aurons-nous? On sent en soi que toute prudence répond : Non.

Ne cessons pas de demander aux bons et parfaits démocrates qui nous la prêchent obstinément, si l'état de dictature dans lequel nous jetterait la guerre d'abord, est le régime d'idéal

---

(1) C'est justement parce qu'on n'a pas de principe que l'on s'en fait un de la guerre, ayant besoin de ses déductions, et de soumettre l'esprit impuissant à l'énergique trempe de la force. Il faut, comme le monde antique, consulter encore les oracles au prix des victimes humaines, payer le tribut au Minotaure : au 19e siècle!

que leur patriotisme rêve? Demandons-leur ce qu'une pareille
dictature, en privant aussitôt la France de tous les biens que
donne la paix, et en ne nous laissant, hélas! — avec de la
fausse gloire, peut-être! chimère décevante et nuisible! —que
les misères de l'oppression, nous mettrait à même de bailler
« aux peuples pour qui nous combattrons? » En vérité, c'est
insensé! Apôtres de la démocratie ou docteurs de la liberté,
ces gens-là, grands prophètes de la guerre, sont nos ennemis
forcenés!

Pour faire une guerre *de principe*, il faudrait avoir un principe, avoué, clair, nettement établi. Nous en cherchons un
quelque part, nous ne l'avons pas encore trouvé. Nous deman-
dons encore le sien à la Révolution française, et nous la possé-
dons si peu que c'est cela qui nous divise : le droit n'en est
pas dégagé. La liberté n'en est pas un pour lequel on doive se
battre. Au reste, nous n'avons pas la liberté : nous nous sommes même préservés d'elle, et les autres peuples nous accu-
sent de ne savoir pas la comprendre. La guerre ferait une
preuve singulière!

On parle de nationalités, mais on ne dit pas bien ce que
c'est. Si ce sont les races, les nationalités sont confuses, les
unes dans les autres mélangées. Ce fut là une œuvre de l'histoire pour l'identification humaine : on ne défait pas ce qu'a
fait l'histoire, lorsque l'histoire a si bien fait. On touche à ses
institutions, on ne touche pas à ses formations. D'ailleurs, la
France serait en péril. Ce ne peut être là *le principe*.

Est-ce l'indépendance des peuples? L'indépendance implique la force. Ceux qui ne sont pas assez forts pour s'assurer
l'indépendance, tombent sous la dépendance de ceux qui pré-
tendent les protéger. Ils ne font que changer de mains. Leur
insufflerons-nous de la sève? L'exemple du Mexique est là.
Les plus grands partisans de la guerre sont pourtant des
antagonistes de l'expédition du Mexique. Que ferions-nous de
mieux en Pologne?

L'Indépendance, outre la force, implique une raison de droit vivante, ayant fonction à accomplir dans l'ordre de l'équilibre humain et la direction du progrès. Le peuple à qui cette raison manque n'a pas âme virile ou majeure ; il faut qu'il épouse son sort et que son caractère se plie à recevoir sa loi de plus haut. Il n'a pas de sens par lui-même ; il ne prend sens que par union avec un peuple générateur, dont son devoir, son intérêt, sa propre justice, son honneur, son bonheur, sa gloire, sont de servir la destinée. Or, avant de crier : *peuple ! nation !* qu'on nous montre juridiquement que ceux que l'on veut *affranchir* sont eux-mêmes de nature affranchie, sont des peuples dans le droit vivant, ont caractère de *nations*, rôle de Justice, mission humaine. Quand on aura prouvé cela, il n'y aura plus rien à faire, car ces *peuples* seront nés tout seuls de cette démonstration triomphante.

En attendant, qu'ils soient en paix, au lieu de troubler la vie utile et l'idéal universel, par leurs querelles de ménage, leurs révoltes d'enfants terribles. Ils riveraient le monde entier à leur chaîne, faute de savoir porter les lisières qu'il leur faut ! ils sacrifieraient l'Univers à leur rage de fils gâtés !

L'indépendance ne se confère point par une intervention de la force, pas plus que l'âme qui donne nature ne se confère par volonté. Avons-nous conféré, dites-moi ? une véritable indépendance aux divers peuples de l'Italie ? Nous n'avons fait que substituer un état de force à un autre, certes sans profit pour le droit, car l'unité et les tendances italiennes lui sont maintenant autant d'obstacles que les autonomies précédentes lui étaient de sujets d'espérance en une fédération prochaine.

Non, vous n'avez pas de principe qu'on puisse transplanter utilement. Le propre principe de la France, c'est celui de la Révolution, qui exige son accomplissement avant tout. Il faut, pour lui être fidèle, la réaliser en vous et chez vous. Lorsque vous l'aurez accomplie, vous verrez combien elle

répugne aux propagandes de la force ; mais vous comprendrez
la puissance de ses expansions naturelles et l'irrésistible entraînement de son exemple généreux. Si vous voulez mettre
l'Europe en possession de la Justice, pratiquez le droit pur en
France ; n'occupez le peuple français que de sa Révolution
intrinsèque. Enseignez-la lui ; fondez-la : tout le reste couron-
nera votre œuvre, *vous sera donné par surcroît.*

XX.

La souveraineté du peuple s'oppose à ce qu'on intervienne
en son nom. Elle est intransmissible, ne se délègue point d'un
peuple à l'autre. Il faut qu'un peuple, pour être, se fasse lui.
La solidarité réelle vient de l'identité des consciences, non
de la confusion des rapports et de la substitution des rôles.
Elle s'exerce par les courants de l'opinion, et l'opinion de tous
les peuples procède de la Révolution française. Que la Révolution française s'affirme et se justifie en elle-même, l'Europe
entière la secondera ; l'émulation des peuples partout en fera
maintes applications. Par elle ils se reconnaîtront, par elle ils
se délivreront. Que si elle en appelle aux armes, c'est qu'elle
doutera de sa vertu, se proclamera impuissante ; les peuples
déçus se défieront d'elle et la combattront pour sa faute. Sous
le règne de l'opinion, la force armée ne doit plus être qu'une
ressource défensive. Même employée au nom du droit pour
une agression quelconque, elle tournerait contre le pays, puni
de cette injure au droit, de ce défi à l'opinion.

Le principe du gouvernement est un empêchement de
nature mis à la guerre dite de principe. Le gouvernement peut
encore être contraint à quelque guerre, courte et locale, d'un
ordre politique restreint, d'un caractère spécial, ayant pour
objet avant tout la conservation de l'équilibre, le respect des
traités publics, la défense de l'autonomie ou le maintien de la
non-intervention. Mais de même qu'il est un obstacle au
déchaînement des partis, de même il est, par sa nature, un

obstacle en tous points pareil au débordement des nations. Rien ne sert de dire : Guerre d'idée ! Guerre de principe ! au lieu de guerre, simplement. La guerre, en définitive, c'est la force, qui obscurcit l'idée du droit, l'inférioise, l'expose aux chances, fausse et perturbe l'opinion, comme la liberté le fait. Comment un régime d'opinion, formé, vivant de l'opinion, dont la vitalité entière est tirée de l'opinion seule, pourrait-il songer à la guerre ? Le même principe qui doit clore l'ère fatale des révolutions, ferme aussi nécessairement l'ère fatale de la guerre. Voulez-vous donc vous rendre sûrement victime des révolutions ? eh bien, faites la guerre à l'Europe !

Avec le principe triomphant au coup-d'état du 2 décembre, la guerre serait un pur illogisme. Par cela seul qu'elle répugne désormais à l'opinion, à la conscience, elle est antipathique au droit. Tout système en ayant besoin comme d'un expédient pour vivre, se trouve condamné par avance, aussi bien, nous l'avons montré, que tout système qui se voit contraint à l'expédient de la liberté.

Les préoccupations guerrières en même temps que libérales, dénotent en France un mal profond. C'est le droit qui est méconnu, la conscience qui se laisse égarer ! Pendant que nos esprits affolés sont traînés dans ces fondrières, les étrangers, — moins avancés, et tous plus ou moins barbares, selon nous ! — se montrent tranquilles et rassis. Nous semblons craindre pour notre droit une coalition des puissances ! Nous ne pouvons nous résoudre à voir que ce droit commande à l'Europe ; que c'est en le méconnaissant que nous armerons l'Europe pour lui, qu'il agira par elle contre nous. Nous nous croyons les peuples hostiles, nous nous les rendons ennemis. Nous attaquons le droit public, sans saisir qu'il est notre droit même. Enfin nous suivons des systèmes qui seuls peuvent embraser l'Europe, et nous en accusons le principe qui seul peut la tenir calmée !

Ce principe est encore, heureusement pour nous, ce qu'on voit le mieux dans la France, malgré les nuages soulevés par nos luttes et les contradictions de nos systèmes. C'est pour cela que les politiques nous reconnaissent inattaquables, qu'ils cherchent même à nous rassurer en préservant l'Europe entière de l'effet de nos propres craintes ou de nos aveugles emportements ; et ils se montrent plus sages que nous. La guerre ne peut plus éclater que si la France, hélas ! le veut... La France, dis-je ; non pas son gouvernement. Mais la France ne le voudra pas, malgré les cris de ses *politiques* ! En Angleterre comme en Russie on a une clairvoyance qui leur manque, et l'on dirait que le bon sens de l'ennemi protège nos dieux et nos foyers trahis !

Le *Journal de Saint-Pétersbourg* n'est-il pas plus sensé que nos feuilles ? Au sujet de ce nouveau bruit, si bien trouvé, de *Sainte-Alliance*, il déclare faux, *impossible*, un renouvellement de pareille ligue « des souverains contre *la liberté des peuples*, ou d'une coalition de l'Europe contre une grande puissance. » — Et cela est de toute certitude ! — « La seule *Sainte-Alliance possible*, ajoute-t-il, est celle de la paix, du progrès et de la prospérité générale. » Oh ! le barbare ! Nos superbes journaux rédempteurs comprennent bien mieux la civilisation dans leur programme dit révolutionnaire : guerre ! guerre ! guerre !... à tue-tête.

Le comte Grandville dément aussi devant le Parlement britannique, de la manière la plus formelle, la conclusion de cette Sainte-Alliance. Mais ces anglais ! toujours perfides, toujours ennemis hypocrites de nos bons patriotes français, lesquels cherchent encore, cherchent partout, malgré leur belle démocratie, la revanche de Waterloo !...

Eh bien, cet anglais et ce russe ont toute raison contre vous qui croyez, ou du moins dites croire à une Sainte-Alliance nouvelle. Ils comprennent infiniment mieux les conditions vraies de l'Europe ; ils savent enfin, quoiqu'on ait dit, que la première Sainte-Alliance n'a pas été, en résultat, un triomphe des rois sur les peuples, mais au contraire (1).

L'équilibre et l'autonomie des puissances, qui sont la garantie internationale des peuples et les premiers *desiderata* de la Révolution française, furent des fruits de cette Sainte-Alliance. Elle a inscrit dans ses traités le droit humain contresigné par le droit divin, son ministre. La guerre défensive de la République contre l'Europe coalisée, n'avait pas d'autre sens, ne poursuivait pas un autre but, que ce qui a été dit, fait, reconnu, consacré, garanti, par les souverains au Congrès de 1815.

La République vainquit et s'étendit. Et c'est pour n'avoir pas compris cela, pour avoir cherché autre chose, que l'Empire, traître au génie, a été combattu par tout le monde et détruit sous le coup d'une véritablement *Sainte-Alliance*, dont la France aussi fit partie...

Est-ce que l'histoire se dément ?

XXI.

J'entends qu'on me rappelle ici les guerres de Crimée, d'Italie. Précisément ce sont de mes preuves. Ces guerres ne furent-elles pas, l'une et l'autre, de simples guerres d'équilibre, arrêtées, sans autres conséquences, aussitôt l'équilibre rassuré ? Ce sont de simples répressions d'actes menaçant l'ordre de paix ; à ce titre deux guerres conservatoires du droit public, dans la logique des traités de Vienne, préservatoires

---

(1) Quand on se rappelle aujourd'hui les excitations d'il y a cinq ans pour soulever la France contre l'Europe sous prétexte d'une conjuration de l'Europe contre la France, on frémit de la perversité de certains hommes autant que l'on s'afflige de leur déraison, et que l'on s'étonne de la crédulité de certains autres !　　　　　(*Janvier* 1870.)

de la grande guerre , laquelle ne peut être allumée par aucun principe nouveau. Les puissances observatrices ont laissé faire les combattants, de peur de généraliser le conflit qui eût perdu ce caractère simple et fût devenu un chaos. En Crimée, l'Angleterre veut poursuivre une lutte plus acharnée. Mais la guerre aurait perdu de là son objet purement défensif, son caractère de répression ; elle fût devenue à son tour une atteinte faite à l'équilibre. Aussi, l'alliée de l'Angleterre , la France elle-même s'y opposa. En Italie, l'Autriche réprimée, on commença de craindre la France, qui pouvait s'oublier, s'emporter , devenir à son tour menaçante. On l'avait d'abord laissée faire : elle se dévouait et sauvegardait. Mais on allait intervenir quand son poids dérangeait la balance. Elle s'arrêta d'elle-même , malgré ses promesses non remplies, sa politique sans doute déçue. Tout cela ne prouve-t-il pas que l'esprit public en Europe répugne à la guerre générale, qu'il est dans la raison des choses que chaque puissance l'évite, et que c'est au pacte de paix que toutes aspirent tacitement, sans savoir encore le conclure? L'abstention au sujet du Danemark en est une preuve de plus.

La guerre générale désormais serait sans but comme sans motifs : elle serait une déraison. Influence de l'opinion à peine vagissante encore! Chaque jour on l'entend constater. Elle se voit chaque jour méconnaître. La France en devenant l'agent, sincère, ferme, conscient, quelle ne serait pas la portée de son autorité pacifique, lorsque de simples hommes connus, comme Garibaldi et Kossuth, ont une vraie puissance d'État, tiennent des cabinets en éveil, des pouvoirs publics en échec, par cela seul qu'ils sont censés les représentants populaires, les libérateurs de l'idée, les confesseurs de l'opinion, les conducteurs des consciences et des initiateurs plus sûrs? Le prestige du droit nouveau seul rend la France prépondérante. La Logique de ce droit inflexible condamne la guerre, et la France, en s'y enfermant, peut se dire assurée de la paix, maîtresse des destinées du monde et nantie de toutes les victoires. « *Le Droit de la Révolution française* est comme le Soleil, aveugle qui ne le voit pas! » (1)

La prépondérance de l'idée française en Europe est donc incontestable. Pourquoi? Souvent dans la diplomatie notre politique ne prévaut pas : elle subit même des affronts. C'est que notre politique est alors mal inspirée du droit nouveau, contradictoire à nos principes ; qu'elle se réclame peu ou prou du droit ancien que nous avons abrogé. Notre faiblesse provient en ce cas du double-sens, du contre-sens, de l'ambiguïté de nos termes, de notre duplicité dévoilée. Les échecs subis

---

(1) Les nations européennes, à l'âge de la civilisation où nous sommes, sont comme des familles alliées et déjà rendues solidaires. Faisant corps avec leur sol cultivé (meublé de leur travail prospère, enrichi de leur industrie, animé de leur propre amour, nanti de germes dont elles sont l'âme et la matrice naturelle) elles sont défendues de la conquête et ne peuvent plus être pénétrées. Plus facile serait à un coin de bois d'entrer de force dans un bloc de marbre ou de bronze, qu'à un peuple conquérant quelconque d'envahir un peuple quelconque et de prendre place chez lui, en Europe. Les exemples de l'Empire déjà, promené dans toutes les capitales en vain ; l'exemple du retour contre nous par d'impuissantes occupations de Paris, prouvent que les Nations, faites réfractaires à la force, de force ne se peuvent plus rien les unes les autres, et que la guerre même a tué la conquête, sans laquelle la guerre meurt aussi.

Ce sont aujourd'hui les finances, les grandes stratégies de la richesse, les tactiques de l'économie, les opérations du commerce et les évolutions de l'industrie (ou la paix) qui font les nations tributaires ou maîtresses dans leur commun développement, afin de les libérer l'une par l'autre en les associant entre elles. Les vraies victoires politiques et les rivalités d'États désormais ne sont plus que là, à la gloire de ce continent! Une concurrence d'affaires, une émulation de fortune, un *steeple-chase* de progrès...

Pour rester *la grande Nation*, il suffit que la France soit la plus habile et la plus riche : elle peut réduire son armée à zéro.

Sa *grande armée* la ferait aujourd'hui la plus pauvre, ou du moins la plus tourmentée. Ses soldats sont tournés contre elle... Ils servent en résultat l'ennemi.   (*Janvier* 1870.)

de la sorte sont des avertissements pour nous, des rappels à l'ordre ironiques, qui peuvent froisser nos vanités, qui consolent notre raison. Même quand notre politique est vaincue, c'est l'idée française qui triomphe : nos diplomates dans ces cas lui sont plus étrangers que les autres.

Nous bénéficions encore de l'inspiration de nos pères, de leur héroïsme prestigieux, de leur ardent amour du droit. Les peuples aiment encore la France, amante de ce droit souverain, et tout en déplorant ses fautes, tout en condamnant ses erreurs, ils espèrent son redressement. Ils lui pardonnent ses folies, sont indulgents pour sa passion en en considérant l'objet ; ils espèrent toujours qu'enfin sortie de son mirage et de sa fièvre, elle sera purement, simplement, la mère calme autant que dévouée de la nouvelle humanité. Ils l'aiment d'un amour de jeune homme sérieux, profond, digne, sympathique, et lui-même encore passionné, pour une femme belle, jeune, transportée d'un délire qui passe : cela nous vaut leur longue attente. Mais s'ils se convainquent par instants que cette fièvre est pernicieuse, que ce délire est incurable, et que notre folie inféconde trouble l'ordre sans produire la paix, ruine le passé et le présent sans donner un gage d'avenir, alors d'amour ils passent en haine, et se soulèvent unanimes contre la séductrice du monde, la grande prostituée des nations. Ils traitent les enfants bâtards de la Révolution française comme des beaux-fils usurpateurs, mignons corrompus, corrupteurs, traîtres à l'honneur et au droit, comme des ivrognes de liberté, comme des débauchés de la gloire... *Amour-haine,* est-ce que ce n'est pas là l'étrange sentiment mélangé que les peuples professent pour nous ? C'est qu'au nom de la Révolution, qui les rend avec nous solidaires, pour ne former qu'une même famille dans les futures destinées, nous devons être pour un temps le premier des peuples du monde, ou nous en serons le dernier.

XXII.

La Révolution seule peut être la conservation et le progrès. Seule, la Révolution peut être le lien de tous les intérêts, la fusion ou solution de toutes les doctrines et croyances, l'équation générale enfin, et comme la formule algébrique d'où l'on doit dégager l'*inconnue*. Elle est à ce titre l'idée instinctive du monde et l'idéal universel. Voilà comment elle s'impose à tous les peuples quels qu'ils soient, et comment les peuples nous l'imposent. Car la France, après sa scission radicale avec le droit ancien qu'elle a décapité chez elle et qu'elle a combattu partout, ne saurait plus rien être dans la marche de l'humanité, dans l'économie de l'avenir, si elle n'est comme le flambeau de l'idée, la prêtresse de l'idéal. Il faut qu'elle justifie l'instinct par son intelligence lumineuse, et consacre sa Révolution par la sanction de la raison et sa mise en œuvre pratique. Et le gouvernement de la France ne peut plus rien représenter, s'il ne représente cela réellement, s'il n'en est pas l'incarnation.

Oui, cette nécessité de fait et cette logique des choses est ce qui saisit les consciences et d'instinct nous rattache les peuples. Ils sentent que nous nous débattons dans une question de vie ou de mort, et que notre exemple, bon ou mauvais, en une telle direction, leur vaudra en définitive la rédemption assurée. Cette nécessité, cette logique, s'imposent d'ailleurs aux autres comme à nous. Voilà la loi qui, malgré les princes, par eux-mêmes, s'est inscrite dans le droit public, a dicté l'esprit des traités. La Révolution française a la garantie de toute l'Europe; elle est le vivant contrat des nations, même des rois. Comment donc faire, sur ces traités, une guerre juste au nom *d'une idée?* Faire la guerre pour une idée! Mais nul ne peut plus désormais parler de la guerre que pour l'Idée. Le tout est de comprendre celle-ci logiquement, dans la notion du droit moderne, qui est le droit imprescriptible, le droit éternel formulé. Et ainsi plus de guerre possible, si ce n'est pour le maintien, la sauvegarde, la conservation, la défense. C'est donc méconnaître son rôle que de parler au nom de la France de guerre, ou même de Congrès, pour revenir sur les traités.

Qu'il y ait clause contradictoire en eux, entée sur le principe vrai de l'autonomie reconnue, cela ne vicie pas le fond, ou plutôt cela le confirme; la contradiction d'une telle clause n'étant que l'exagération même, comme une précaution outrée et la garantie d'exception du principe que l'on proclamait. L'exception confirme en effet la règle. D'ailleurs les faits ont biffé ladite clause, et les faits ont reçu sanction en donnant sanction à l'idée. L'idée des traités seule subsiste : cette idée est irréductible autant qu'elle est inattaquable. Guerres ni Congrès n'y peuvent plus rien.

Les Bonaparte par l'Europe étaient exclus du trône de France, malgré l'autonomie des peuples proclamée. Malgré cette exclusion écrite, les Bonaparte sont restaurés. L'exclusion était motivée sur le danger de leur retour pour l'indépendance des peuples : sauvegarde intentionnelle mais fausse donnée à cette autonomie naissante. Mais le retour des exclus consacre l'autonomie elle-même, et, en violant la clause illogique, périlleuse, confirme le principe salutaire du traité, passé en puissance dans les faits. Qui ne serait tenté de dire ici que, sans l'illogisme de cette clause portant une si grave atteinte à la France et faussant le droit établi en la rendant, par l'exception vengeresse et maudite, l'ilote des princes et des sujets, le bouc émissaire de tous, la dynastie des Bonaparte eut perdu toutes chances de retour? Mais on la décrétait populaire! On lui marquait une mission de droit! On en faisait une Providence! On la constituait vengeresse à son tour. On l'identifiait à la France par l'injure faite à celle-ci à propos d'elle; on nous rendait le droit douloureux sous ce soufflet à la patrie; on nous insufflait cette chaude colère, qui nous fit si long-temps confondre la patrie même avec l'empire; on nous suggérait de la sorte ce malheureux esprit de vengeance qui devait tant nous égarer, et nous faire ériger en dogme de nécessité et de salut la revanche guerrière de Waterloo! Si bien que la donnée des traités, autant du reste que notre honneur, exigeait l'effacement de cette clause, et que le retour des Bonaparte est l'affirmation des traités au nom desquels on les excluait. Que veut-on changer à cela? Que veut-on demander de plus? Quelle idée nouvelle invoquer au dehors? Un Bonaparte rétabli s'attaquant aux contrats de 1815, perturberait tout de nouveau, deviendrait le fléau des peuples, et rendrait extra-légitime la clause heureusement abrogée (1).

Ah! l'Europe est si bien gagnée à la grande Révolution, qu'il y a de nouveau pour la France plus à craindre de se voir combattue par cette cause que d'avoir pour elle à combattre. Les trompeuses fictions du vieil ordre et les entreprises d'autres temps suscitent les autres peuples moins que nous, parce qu'ils ne les ont pas encore dépassées. Nous, en dehors, dans l'inconnu et le nouveau, dans l'embarras, nous y revenons par visées. L'influence du droit est sur eux aussi puissante au moins que sur nous, et ce n'est pas une légalité habile, vainement opposée au droit, qui jamais les enflammera. N'est-il pas de toute évidence que l'Europe a, comme la France, accepté

---

(1) En considérant de ce seul vrai point de vue l'objet positif que se proposait le Congrès de Vienne, relativement à toute l'Europe, il est clair qu'il faisait, à son insu, de la famille restaurée en France avec ses titres de *légitimité*, une négation vivante du droit même que l'on baptisait, par conséquent une dynastie nécessairement hostile, répugnante à la Conscience du pays, incompatible avec le droit; de même qu'il faisait, par opposition, de la famille Bonaparte, notre idéal patriotique le plus prochain, notre dynastie nationale exclusive jusqu'à la réparation. La Restauration se trouvait ainsi condamnée par avance en vertu même des traités qui nous l'imposaient. *Messieurs les frères* du droit divin, et tous les fervents de ce culte, ne s'en étaient pas avisés! Les potentats de 1815 furent, par antériorité, les Grands Électeurs Conjurés du 10 Décembre 48...

le coup-d'état de Décembre, par sa raison de droit supérieure, par son illégalité même, par sa nécessité logique? Supposez le culte de la légalité vivant encore dans l'âme des peuples et de la France, le coup-d'état est impossible. Que Napoléon y invoque un prétexte de légalité ou un titre traditionnel, au lieu du principe nouveau, il a de ce chef contre lui toutes les traditions combinées, toute légalité au-dehors comme toute légalité au-dedans, les traités en toutes leurs clauses comme la Constitution en tous ses points, et tous les cœurs vont s'insurger. Il échoue misérablement, sans ressource; il n'est pas possible qu'il triomphe. Coupable, et sans nulle raison d'être, il aurait armé sur sa tête, à défaut de la nation déchue, toutes les nations conjurées.

Mais qu'il en est différemment! Dans l'ordre international le coup-d'état avait une signification identique à celle qu'il était obligé de prendre dans la politique intérieure : ici, abolissant la légalité; là, réformant le texte faussé des traités; ici, déchirant une constitution toute fictive; là, redressant le droit public selon son principe réel. Hors de la fiction légale partout, dans le droit vivant et suprême, dans la Révolution enfin, il est porté par la raison des choses, *qui ne peut pas être éludée*. Comme la France, l'Europe accepte : elles reconnaissent le bien-fondé de l'événement, la légitimité de l'avénement réparateur; elles attendent pour juger du reste, pour se prononcer seulement sur la question de capacité. Voilà ce qui fait à la fois la position forte et fausse du régime du 2 Décembre. On l'accueille parce qu'il porte le signe d'un droit supérieur aux formules; on le craint et l'on se prémunit, parce qu'il se montre inconscient de lui-même et rend tout le monde inconscient, qu'il est inconséquent avec sa cause, en revient aux légalités, en systématise une nouvelle; qu'il reprend une ombre pour la proie! On peut donc le prophétiser : une guerre dite de principe qui serait suscitée par la France, aurait pour résultat certain de rappeler la France elle-même aux promesses nées du 2 Décembre. Commençons donc par les remplir!

La France fut et serait encore vaincue, vaincue pour son propre triomphe, par l'effet de ses propres victoires ; mais quelle faute ! quels désastres ! quelle honte !

La solidarité de l'Europe nous bloque dans la Révolution. La coalition des puissances, vraiment bien nommée *Sainte-Alliance,* garantit notre autonomie, reconnaît notre indépendance, proclame l'avénement du droit, décrète l'ère révolutionnaire. Les traités sont notre conquête, valant mieux que murailles et défenses armées de tous nos guerriers. Restons dans ce fort inexpugnable, où nul ne peut nous inquiéter, et ne soulevons pas imprudemment des questions qui nous entraîneraient hors nos retranchements respectés et nous feraient saper de nos mains les travaux et les œuvres vives cimentées des flots de notre sang.

XXIII.

« Il n'y a plus de question polonaise, aurait dit le prince Gortschakow ; il n'y a plus que LA QUESTION NAPOLÉONIENNE. »

L'*Unità Cattolica,* feuille de la réaction catholique, aussitôt s'empare de ce thème. «Nous aussi, s'est-elle écriée, nous avons toujours cru que la *Question Napoléonienne* était le nœud de presque toutes les autres questions. Après qu'elle a été résolue en 1814, l'Europe a joui de la paix pendant 40 ans, et la paix aurait été plus longue si la solution eût été plus radicale. Mais si l'on résout une autre fois la *Question Napoléonienne,* nous sommes sûrs qu'elle ne renaîtra plus. » C'est fier, pour l'organe des morts, des fantômes jaloux des vivants ! Mais ce n'est pas autrement grave que la statue du Commandeur à une représentation de *Don Juan.* Les politiques *catholiques* ne résoudront jamais plus rien, ils n'aideront même à résoudre que par leur force d'inertie ou leur intervention négative. Ils sont dans le *Non possumus ;* ils n'en sortiront désormais ; et ils n'y sont pas pour leur cause. On verra qu'ils ne sont plus rien qu'accessoires, comparses, *grandes utilités*, comme la statue ci-dessus.

Nos braves journaux se sont extrêmement émus de ces gros dires, et l'*Opinion Nationale,* très-chauvine à son ordinaire, malgré ses amours étrangers, chauvine autant que libérâtre, a publié force réclames sur la *Question Napoléonienne* et la *Question démocratique,* identifiées par elle pleinement. A l'entendre, tous nos sentiments nationaux, révolutionnaires, devaient se soulever là-dessus et s'ameuter à la défense d'un intérêt, qui nous touche, certes, en raison des positions de fait et de nos espérances ou perspectives de droit, mais qui n'implique pas à lui seul toute la Révolution française, qui ne la sollicite réellement qu'à condition d'en être l'agent, de la représenter fidèlement, et qui au fond, de soi enfin, par lui-même, séparément, nous peut bien paraître étranger et nous rester indifférent, si même, dans beaucoup de cas, il n'apparaît pas ennemi. L'émotion produite prouve du reste qu'on a touché juste quelque part.

Si le prince Gortschakow eût dit : « Il n'y a plus de question révolutionnaire ; il n'y a plus que la question napoléonienne, » tout relevant désormais de la Révolution, qui ne peut plus être mise en question, il aurait dit précisément la chose. Il s'agirait simplement alors de savoir si la dynastie napoléonienne veut être révolutionnaire ou non.

Si l'*Unità Cattolica* s'était mieux comprise d'autre part, elle aurait vu, ce qui est le vrai, que le principe révolutionnaire ne peut plus être mis en question, que ce qui divise aujourd'hui est autre chose que lui-même, que c'est lui positivement qui, en 1815, a *résolu* l'autre question, a fondé la paix de l'Europe ; qu'il doit seul résoudre encore tout aujourd'hui, et que faire une adjuration sur la question napoléonienne c'est séparer effectivement ce qui ne doit pas être confondu, c'est dégager et affranchir le principe révolutionnaire, et c'est précisément avoir bien plus l'instinct de la Révolution, sans le

vouloir, que nos pauvres démocrates ralliés, flatteurs et traîtres malgré eux! La seule question, en effet, la voici; et c'est
en quoi le diplomate russe a si bien touché, à savoir : Si le régime Napoléonien vivra de son système actuel, ou s'il fera
prévaloir enfin le principe de son origine qui sans cela se tourne
et tourne tout à la fois contre lui.

Ah! sans doute, c'est notre malheur que cela se pose comme
question. Pour nous, nous voudrions de tous nos vœux que
l'identification fût faite. Mais il ne saurait nuire au pouvoir
qu'on cherche à le cimenter solidement, et que de pareils
avis, donnés par gens qui les comprennent à rebours, à gens
qui les comprennent de travers, soient scrutés, selon la raison
même des choses, par des hommes, ennemis ni amis, mais
qui voudraient pouvoir confondre le gouvernement dans le
droit, afin de l'aimer alors selon le droit!

Ce qui fait la *Question Napoléonienne*, c'est la position
équivoque que le régime Napoléonien a prise à côté de son
origine, c'est le système inauguré à l'encontre de son principe,
c'est sa contradiction radicale, c'est la duplicité inscrite dans
sa constitution organique. Cela répand le doute sur tout; cela
met les consciences en alarme et tient la diplomatie en émoi.
Cela seul est menace et danger. Et parce que le régime
Napoléonien est ainsi l'inquiétude publique, le péril public,
comme on voit, tout lui devient inquiétude et péril à lui-
même.

Cette question est donc nationale comme elle est internationale. Elle est, à un point de vue élargie, et abstraction faite
d'ailleurs du nom que porte le chef actuel du pouvoir, la question du gouvernement en France et de la *paix révolutionnaire.*
Question universelle ainsi, question capitale du moment, et,
pour le pouvoir d'à-présent, en effet, ainsi du reste que pour
tous les pouvoirs possibles, question personnelle de vie ou de
mort. Mais il dépend de lui de la résoudre favorablement en
ce qui le concerne, puisque d'ailleurs il l'a posée dans la

trame des événements avant le prince Gortschakow et l'*Unità Cattolica*.

Comment ne permettrait-il pas, alors qu'il s'agit de son salut et de la destinée de la France, à la Vérité impartiale de soutenir son paradoxe, et de lui dire, bien qu'il se croie fort et qu'on le prétende vivace : Vous courez rapidement à la mort ; arrêtez-vous, détournez-vous : faites conversion sur vous-même. Par là seulement est la Vie ; elle y est longue et glo-rieuse. Marchez-y. N'hésitez donc plus !

XXIV.

Il n'est pas de notre intention de tracer ici un programme, et nous ne pouvons d'autre part étendre dans cette brochure nos considérations beaucoup plus loin. Qu'il nous suffise d'a-voir montré comment tous nous sommes abusés par des fictions, des apparences. Notre mal est le mal des mots, qui est la peste de l'esprit. Ce sont des mots que nous invoquons quand nous parlons de liberté, de guerre révolutionnaire, de Constitution, de suffrage, de souveraineté légale, de dynastie nationale, et le reste. Mais il y a les réalités ! La loi de l'his-toire s'impose à la marche des événements et la raison des choses, qui brave les mots, se déduit sous l'action de l'homme inconscient. Notre libre-arbitre consiste à les pouvoir observer ou enfreindre, diriger, entraver ou combattre, sous notre res-ponsabilité. Le fait d'un homme, d'une société même, ne change point les destinées du monde, toutes comprises en la Justice. Il faut que la Justice s'accomplisse. Si elle ne s'ac-complit pas pour nous-mêmes par nous, elle s'accomplit par nous-mêmes contre nous. Donc, un gouvernement, par exem-ple, quoiqu'il fasse, n'empêchera jamais en définitive la réa-lisation logique des données de l'histoire humaine, des aspi-rations de la conscience, des vrais progrès de la civilisation. Il peut y aider, pour sa gloire et pour son bonheur ; il peut y résister, pour son malheur, sa honte, sa perte. Mais lui ni personne n'a puissance de détourner le sens des choses, d'empêcher l'exécution de la Loi, et de compromettre par là la cause de l'humanité, pas plus que l'universelle existence. On peut ensanglanter l'histoire, la remplir de maux et de ruines, de malédictions et de terreurs ; mais on ne peut pas l'étouffer ni l'empêcher de se promouvoir. En dernier résultat elle vainc ; elle réduit qui l'entend réduire. Le monde ne saurait tant pâtir de la persistante folie des générations ignorantes, des peuples égarés par leurs fièvres, de la planète même en délire. Puisque la loi est loi de Justice, il faut toujours qu'il y ait balance dans le mouvement nécessaire. Plus l'inconscience de l'homme sera grande, moins grande sera l'action de sa volonté sur les destins, sur sa vie propre, dans le domaine offert à son règne. Plus sa déraison est profonde, plus la raison des choses s'en prévaut contre lui, fatale, irrésistible, vengeresse, justicière. Sa liberté aveugle devient elle-même l'excitant des fatalités ; lui, la proie du Sphinx incompris. L'homme, s'il ne conduit pas en habile maître, est traîné, emporté, *voilà tout :* mais ce *tout* si simple, si court, c'est heur ou malheur, c'est liberté ou esclavage ; comme le disent toutes les croyances mythiques, c'est le paradis ou l'enfer. Lui, qui a charge d'être Providence, il prend le rôle de Fatalité, et la Fatalité le châtie, en devenant sa Providence. Mais l'évolution s'accomplit, indifférente au sort de l'homme, et le char du dieu de Jaggernath roule sans souci de l'insensé qui sous sa roue se fait broyer. Il est contradictoire de penser qu'il y ait jamais arrêt possible, encore moins recul : c'est certain. La Justice a toutes les sauvegardes, et l'homme pour être libre et puissant doit être juste.

Eh bien, cette loi générale, que confirme toute bonne analyse, dont l'histoire depuis le premier jour n'est qu'un commentaire infaillible, elle est entrée dans la conscience, ou elle a pris conscience en l'homme, par la Révolution française. Elle meut sourdement l'opinion dans le mystère de nos âmes, et déjà elle rend souveraine cette opinion à peine naissante, qui ne sait pas encore s'exprimer, mais qui veut être reconnue, respectée, fidèlement servie, parce qu'elle a pour puissance à elle d'être la Réalité héritière de toutes les fictions moribondes.

Les vieux dogmes s'en sont allés : Plus de régime d'autorité, plus de régime de liberté, plus de régime de fantaisie, d'expédients, d'équilibre ou de juste-milieu, d'arbitraire ou de démagogie. Il faut la science et la conscience, la loi statique et dynamique, le sens moral par dessus tout, *la paix révolutionnaire;* non pas la thèse ou l'antithèse, ou toutes les deux s'énervant, mais la synthèse, Justice sociale !

Les vieux dogmes s'en sont allés; et leurs initiés les pleurent, et ces prédicants funéraires voudraient nous les faire pleurer. Pas tant de lamentations ! Quand le grand Pan mourut aussi, la terre retentit de clameurs; les hommes, pourtant délivrés des oppressions de la Nature, pleurèrent tous pendant un moment les fatalités habituées, trépassées dans ce grand dieu Pan. On crut le monde dégarni de son ciel et la nature dépeuplée, parce qu'il naissait un Ciel dans l'homme et qu'en lui Pan se régénérait. Ainsi les pleureurs des vieux dogmes voudraient nous retenir encore sous ces oppressions de l'esprit, dans la scission de la Conscience, et parce que notre âme se dégage, se distingue, et s'émancipe de son spectre enfin renié, s'affirme dans son unité, on dit la conscience ravagée; on croit la Vérité mourante alors qu'elle s'incarne mieux en nous... Qu'importe ! Lorsqu'il s'en dépouille, l'homme regrette toujours le vieil homme, jusqu'à ce qu'il sente tout-à-fait l'homme nouveau qui vit en lui. Confessons celui-ci sans crainte : il est le fonctionnaire de la Loi, le magistrat de la Vérité, le Pontife et le Sacerdote de la Réalité religieuse, le Pape-Roi de l'Avenir : la fiction des dogmes a pâli, parce qu'il a levé le front.

Tous, et tous, malgré nos regrets, nous avons la Révolution infuse jusque dans la moëlle de nos os; elle est l'esprit, elle est la vie. Tous, oui tous, y compris l'Église. Les résistances invincibles de l'*autorité spirituelle* devant les prières instantes et les coërcitives prétentions de l'*autorité temporelle*, parlant mal à-propos Révolution; ces résistances, disons-nous, sont elles-mêmes révolutionnaires, et à haut titre! Supposez que l'Église cède, la Révolution se déroute et ses obstacles s'accumulent; son chaos s'augmente tellement, que par son essor divaguant elle lance notre société française dans un cataclysme effroyable, ou qu'elle s'y pétrifie du coup, ou s'y trouve condamnée à longer, comme une muraille de Chine, l'édifice sans couronnement. En cédant devant *le temporel*, l'Église perd son absolutisme, qui est le lien moral encore dans l'ignorance et les ténèbres où le droit n'a pas pénétré, où l'éclair de la Révolution n'a pas lui. L'absolutisme se déplace et transporte au chef temporel une sorte de Papauté monstrueuse, sans lui transmettre nul spirituel sur un monde scindé dans son être, dépouillé de son culte et de sa foi. C'est le despotisme contagieux de la matière animale vile, l'horrible remuement du Néant, Nature grouillante et pullulante jusqu'au cœur de l'humanité; dans sa pensée et sa vertu, c'est l'ignoble tyrannie du Ver : l'esprit devient le ferment de la fange. C'est le Ciel qui croule sur la terre et qui se corrompt à ce mélange, transformant tout bon germe en fumier et toute idée pure en venin, nous laissant dans le vide de l'âme. Le moral du vieux monde aujourd'hui s'éclipsant, l'esprit sombre dans la création, le progrès agite le gouffre. Plus de foi, plus de religion, un état babylonien, pire encore. Car si le temporel n'a pas un spirituel autre que celui de l'Église, l'Église par son abjuration ruinerait ce spirituel-là : elle n'en communiquerait pas la puissance. Et si le temporel n'a pas ce spirituel-là ni un autre, quelle religion resterait-il ? La terre découronnée de l'Idéal, c'est la pourriture, la gangrène dans le scepticisme et dans l'orgie. Plus de remède : putréfaction! (1) Ce qui se

---

(1) Voir à l'Appendice note *D*.

passe déjà en petit et ce que révèlent les romans et les mœurs ne l'annonce-t-il pas clairement, si cela devenait général et si cela pouvait être un monde ?

Mais quoi ! Visions. Craintes vaines. Impossible ! Non , l'Église ne faillira pas...

Le nouveau temporel n'a pas su, en effet, se pénétrer encore du moral de la Révolution, ni revêtir sa nature synthétique ; il n'a pas de spirituel propre. Il reste une antinomie dans le Monde ; comme l'Église, il est l'un des deux termes de la scission, de la contradiction chrétienne. (C'est fatal puisqu'il reste dans la foi !) Chacun tendant à l'absolu, ils n'en ont l'un et l'autre que l'illusion, la prétention, le mirage, car ils s'opposent l'un à l'autre , et sont l'un de l'autre la raison et la condition forcée. Ils ne s'ébranlent et ne se déplacent qu'en permutant, changeant de rôle , d'apparent caractère ou de fonction, sans pouvoir changer de nature, ou s'absorber ni se détruire l'un au profit de l'autre. Ils ne peuvent point céder l'un devant l'autre sans se perdre ensemble aussitôt, sans que l'humanité s'abîme avec eux, si elle n'abandonne leurs épaves et si la Révolution ne la sauve. Et c'est de la Révolution qu'on ne veut pas !

Le spirituel, en se dérobant selon la foi, se trouverait sans remplaçant selon le droit, et ouvrirait ce gouffre immonde où le temporel impur roulerait. Il ne pourra donc abdiquer son mystique idéal que devant l'Idée, qui le régénère et l'élève ; il ne se résoudra jamais que dans un principe supérieur, plus réel, dans la Révolution elle-même, — car, sauf pour la Révolution, qui le transforme et le glorifie , qui le réalise et l'accomplit véritablement en Justice, le spirituel, en demeurant dans l'Église, fait d'elle une des deux colonnes de toutes choses, et le garde-fou des nations, ou cette « pierre contre laquelle les portes de l'enfer ne prévaudront jamais. » L'Église seule assure maintenant notre liberté dans la sienne, jusqu'à la transformation nécessaire ; elle est le rempart de l'esprit, la barrière opposée au chaos ; elle nous garantit de *l'enfer*, de la

Confusion satanique, de l'anéantissement moral, dont la possession nous menace si fort. Donc, en attendant que la Révolution se développe, instaure son Idée, incarne son Verbe, et se fasse enfin reconnaître seule Rédemptrice, l'Église garde, l'Église gardera le spirituel et son prestige ; et le Pape, en les préservant, est le tenant prédestiné, il est l'agent *providentiel* de la Révolution corps et âme, l'indivisible Révolution.

La fausse liberté qu'on réclame, ce spirituel compromettant, empirique, artificieux, sans philosophie, sans racine dans la raison, ne tournerait, encore une fois, qu'à l'avantage momentané du vieux culte ou du spirituel de l'Église selon la foi. En ramenant la confusion par le déchaînement des partis, le débordement menaçant des doctrines et l'assaut général des passions, elle pousserait de plus nombreuses âmes, timorées autant que naïves, ou prudentes autant qu'énergiques, âmes inquiètes et conservatrices, à se retrancher vaille que vaille à l'abri du catholicisme. N'est-il pas déjà étonnant de voir le catholicisme plus suivi, plus pratiqué, mieux soutenu depuis 15 ans, — sans augmentation de la vraie foi, bien au contraire ? Cette recrudescence de force extérieure ou de popularité apparente est née en 1848, de l'épouvante causée aux cœurs simples par l'outrecuidante et folle liberté. Et cependant les prêtres aussi, gagnés du mal dans leur esprit, couraient bénir aux quatre vents les arbres de la liberté, et prêchaient celle-ci dans les clubs par eux préférés presque au temple !...

Dans ce déluge des idées, si général, monté si haut subitement, déjà fouettant si terriblement toutes les crêtes, l'Église est l'arche de Noé où la famille humaine prend place avec son choix de toute création, non point pour en faire son séjour définitif et perpétuel, mais pour laisser passer ce temps, jusqu'à la renaissance des choses et au retour de l'arc-en-ciel, signe d'une alliance renouvelée, plus sûre.

Évidemment le Pape, malgré lui, est le conservateur du sang nouveau, et le précurseur, le champion de la Messiade révolutionnaire. Il sera sans doute vaincu, pour la délivrance du

Nouveau Spirituel, pour le triomphe même des forces morales dans l'Église universelle rachetée ; mais il ne peut pas abdiquer. Le *Non possumus* du Vatican est promesse de résurrection et gage d'avenir meilleur donnés à la *Commune de Paris* transfigurée, ou, comme l'Église elle-même, convertie !

Comptez donc sur les dogmes maintenant, ou sur les habiletés vaines (1).

XXV.

On se fait une illusion facile, sous chaque règne, quel qu'il soit, dès qu'il apparaît établi. Tant qu'il dure on le croit éternel : ses moyens seuls semblent les bons. C'est lui qui saura clore enfin « l'ère fatale des révolutions ; » lui qui fonde la stabilité. On peut s'en reposer sur lui ; n'y est-il pas intéressé ? Puisqu'il est, n'est-il pas capable ? Les premiers pas, qu'on imagine être les plus difficiles, heureusement faits, qu'est-ce que la suite ?

La suite est tout. La naissance est-ce un pas qu'on fait ? Doit-on s'en attribuer le mérite ? Et par cela seul que l'on naît, naît-on nécessairement viable ? Les convulsions de la première heure, dont l'enfant triomphe, deviennent-elles à cause de cela un gage certain de son existence ? Et parce qu'enfin il crie, s'agite, promet, plaît, charme, se fait adorer de paroles, caresser de démonstrations, et tette à la vie ardemment, est-ce la preuve qu'il vivra bien vieux ?

On se fait cette illusion facile quand on voit maintenant en France un régime durer presque vingt ans. On doute d'abord, quand il vient, produit d'une délivrance forcée, maladive ou inattendue. Cela ne pourra aller longtemps. C'est un éphémère : transition ! On attend, en s'y résignant, en s'en moquant, en espérant, en le tirant à hue à dia. Au bout de deux ans : Tiens,

---

(1) Voir à l'Appendice note *E*.

cela va ! A cinq ans : Mais cela va très-bien ! A dix ans : C'est cela qu'il fallait ; il n'y avait que cela, cela seul qui pût aller. C'était une prédestination : Enfant du miracle ! Dieudonné ! La Meilleure des Républiques ! L'attente du peuple ! La Volonté de Dieu, quoi ! Bravo ! Honneur ! Gloire à jamais !

Non. Vingt ans, dans la durée d'un siècle, c'est cinq heures dans la vie d'un peuple, le siècle étant une journée. Les régimes qui ne durent que vingt ans sont des régimes qui sont morts-nés. Depuis 1789 tous les régimes sont ainsi morts, et la Révolution, que par eux tous sans exception, l'esprit rétrograde et l'âme borne ont voulu supplanter, détruire, la Révolution seule a grandi. Preuve qu'on ne vit plus qu'avec elle.

C'est donc de ces méprises funestes, de ces trompe-l'œil qu'il faut se garder.

Le régime actuel, en rompant avec la fiction légale, s'était engagé à la vie, dévoué à la réalité. Qu'il invoque l'esprit incompris qui lui a donné l'origine. Qu'il se souvienne des moments où cet esprit mystérieux et prophétique l'inspira, parlant si clairement par sa bouche, lui dictant des mots fatidiques :

La légalité n'est pas le droit.

L'Empire, c'est la paix.

L'Empire n'est pas un parti.

L'opinion remporte toujours la dernière victoire.

La non-intervention armée comme règle politique.

Et d'autres de ces mots merveilleux qui renferment sous leur enveloppe tout ce qu'en partie j'analyse, et qui sont, comme la Vérité même, profonds, admirables, féconds, salutaires, mais comme elle implacables. Cherchons là, sans parler encore du couronnement de l'édifice, d'abord les bases de l'édifice. Elaguons tout ce qui est contraire, oublions des dires moins heureux, corrigeons les effets désastreux de tant d'aspirations et d'actes contradictoires, et dressons d'une main sincère les avant-projets d'un nouveau régime sur ce plan de la Révolution.

L'Empire ne tire que de là ses titres légitimes, son droit, sa position magnifique. Mais s'il ne s'identifie pas la Révolution tout entière, en s'expurgeant de ses mélanges ; s'il ne sort point de ses contradictions, il n'aura plus, il faut le dire pour la patrie et pour lui-même, qu'une existence négative, sans racine dans la conscience publique, sans lendemain dans l'avenir. Il vivra artificiellement, au jour le jour, sans vraie gloire, sans durée, « long espoir ni vastes pensées. »

Il est placé devant l'histoire comme l'homme devant la nature, en maître de sa destinée. Revêtu de son libre arbitre, il tient du consentement de la France, qui se recueille, observe, espère, une mission de confiance sans bornes. Mais (il l'a proclamé du reste), ainsi que l'homme libre, envers la Loi, il est, envers la Conscience nationale, envers la Conscience du monde, chargé de responsabilité. Et celle-ci ne faillit jamais ; la raison des choses le garantit, comme la déraison des personnes.

Dans cette situation souveraine, inouïe en droit et Justice, l'Empire n'a rien à redouter des partis ni de l'étranger. Il est, sur le vieux monde en ruines, l'échafaudage du nouveau monde. Il ne doit craindre personne ni rien, si ce n'est sa propre inconscience complice de l'inconscience de tous. Rien ni personne ne l'attaquera comme produit de la Révolution, s'il la représente fidèlement, si son œuvre édifiée n'est qu'elle ; tout le minera au contraire, chacun l'assaillira de quelque part, dès qu'il oubliera cause et but, et sortira de sa fonction, et de la Révolution se séparera.

Toute menace est donc en lui-même ; ses dangers ne proviennent que de lui. Il n'a que d'intimes ennemis. Les partis lui sont tous *jurés*. Tout le sert et tout l'accompagne, non pas certes dans son système, mais dans son principe certainement. En abandonnant le principe pour s'emprisonner dans le système, il abdique, se livre à l'aventure, remet à la Justice des choses le sort de la Révolution. En irritant par le système le principe jaloux, qui ne compose point, il jette au vent ses suprêmes chances et passe son programme en telles mains qu'on pourra croire plus prudentes, plus expertes, plus dévouées, moins impuissantes...

Ces choses expliquent comment ce gouvernement directeur, fort, incontesté, redouté, se trouve partout empêché :

Empêché devant l'Église hostile, sur la question de la Papauté ;

Empêché devant l'Europe inquiète, sur la question de la Paix ;

Empêché devant la France troublée, sur la question de la Liberté.

Cela explique enfin comment, ces questions divisant le Monde, et ne pouvant, à cause du système, être actuellement résolues, il se pose l'autre question : *la Question Napoléonienne.*

APPENDICE.

———

Note A. (*Voir page* 5).

Nous ne sommes plus de ceux-là qui imputent aux *républicains du lendemain* une préméditation coupable, indigne, une couarde action d'hypocrisie, dans leur adhésion chaleureuse. Nos longues et violentes dissensions ont montré le courage civil autant que le courage militaire de tous les partis tour à tour, et le déshonneur criant de la peur est celui que les Français craignent le plus. Il est le plus insupportable à leur esprit comme à leur cœur. La Terreur a produit l'héroïsme (1). La Nation, dans ses grands élans, n'inspire que l'enthousiasme, non la frayeur aux citoyens. Elle les fait outre-vaillants, plus indépendants de nature, plus nobles de résolution, moins mous de caractère, d'habitudes. Ses secousses enfin les retrempent, comme l'épreuve retrempe les âmes, comme la Terre retrempait Antée. Et c'est par ses affaissements sous le coup des réactions, qu'elle leur donne l'épouvante secrète qui est l'amertume de leur force et comme le deuil de leur vertu, qui les démoralise par le regret et l'impuissance, les avilit par l'abandon ou la désertion morale, et le banal usage d'eux-mêmes !

L'assentiment unanime fut donc certainement de bonne-foi sous le coup de la révolution. On crut l'harmonie faite enfin par miracle. On reporta à la Providence le mérite d'une solution imprévue. Chacun s'y sentit de l'intérêt et y mit de la bonne intention. Ce fut une illumination pareille à celle de la nuit du 4 Août. Mais ce fut une illusion semblable, cause ensuite de tant de mécomptes, de tant de haines irréfléchies, de tant de malédictions réciproques. Toutefois il faut voir dans ce fait d'un pareil accord national, alors que les courages seuls parlaient devant une mise en demeure solennelle, l'effet prestigieux du droit sur les consciences altérées, la supériorité souveraine de l'idéal de la Justice, l'universalité enfin du *sentiment républicain*.

---

(1) Comme la compression a reproduit encore le débordement que nous voyons... *(Janvier* 1870.

Les cris de « Vive la République! » ne sortaient point de traîtres cœurs. On crut pouvoir espérer d'elle ce qu'on ne savait point
trouver de soi! C'était respectivement s'abdiquer, s'en rapporter
les uns aux autres, et se rendre mutuellement responsables des
déceptions qui devaient suivre.

Ce fol entraînement et cette confiance puérile présageaient les
luttes intestines et les revirements terribles. Plus la foi était
chaude, sincère, plus funestes et plus profonds devaient être
bientôt les désenchantements, plus complète et vindicative serait
la chute contraire dans le ressentiment des mêmes ardeurs trom-
pées. Les acclamations données à l'Empire, après ces grandes
allégresses et ces furieux combats républicains, loin d'être une
contradiction furent une confirmation nouvelle du même sentiment indomptable, de la même attente, des mêmes besoins, du
même vœu, et du même non-sens aussi. L'illusion, la faute générale est là : dans le persistant état d'inconscience, dans la croyance
au sort tout fait ou à la prédestination, dans le vain désir et le
stupide espoir d'un honteux bonheur par la grâce de Dieu et la
simple efficacité des formes de gouvernement, dans notre lâche
idolâtrie (car la lâcheté de l'esprit répond à la témérité de la foi),
dans notre fanatisme des choses. C'est assez d'une telle déraison
pour notre affliction commune, pour l'entretien de tous nos vices,
de toutes nos brutalités, de tous nos maux. Il n'y a pas volonté
méchante, démoniaque, de vendre, trahir de parti-pris. Il n'y aurait pas possibilité. Est-ce que l'on vend délibérément un pays
qu'on ne sait pas comment gouverner, qu'on ne saurait comment
livrer, en se livrant d'ailleurs soi-même aux aventures meurtrières, chances de retours, vengeances du sort, dans une démocratie implacable autant qu'invincible? Les traîtres d'Etat
sont de droit divin et de condition absolutiste; ils ne peuvent
vendre que des rois. Ils savent, le peuple ne comptant pas,
qu'ils donnent tout en commettant le trône. Il ne s'en peut plus
de si complets. Aujourd'hui l'on ne vend plus que soi-même, ce
qui n'est pas vendre grand'chose, car on sait par expérience
qu'une démocratie de sa nature échappe à toute conjuration arbitraire, à toute appréhension de pure force. Et même l'on ne se
vend plus qu'à des favoris du pays, suivant ainsi l'instinct secret
qui soumet tout à l'opinion : on ne change publiquement à ses
yeux que parce qu'elle-même paraît changer.

C'est donc parler pour ne rien dire que d'attribuer le tour des
choses aux complots sournois de certaines gens. On fait trop
d'injure à leur cœur et trop de crédit à leur puissance. Tant
d'hommes, du reste fiers, courageux et patriotes, quoi qu'on
dise, patriotes même par ambition, ne sauraient supporter l'infa-
mie éclatante d'une trahison calculée, en face d'une opinion publique toujours éveillée et toujours maîtresse. Et le pays de son
côté ne les supporterait pas non plus, s'il croyait voir la trahison
dans leurs oscillations patentes.

Sans doute, pareille situation des âmes est pourtant chose immorale, pernicieuse. De là proviennent, chez les uns, la réserve vigoureuse, la susceptibilité virile qui leur commande l'abstention ; chez les autres, le parti-pris du scepticisme, les pratiques de l'exploitation indifférente à tout le reste, l'égoïsme *du laissez-faire laissez-passer* : la dégradation politique pour tous, et la corruption sociale. Mais il est trop commode aussi de jeter la pierre à quelques-uns, puis de se croiser les bras et de se plaindre, en continuant son petit trafic, en attendant le changement des temps ! Il faut que le pays s'accuse de complicité d'ignorance, et il faut que ses conducteurs tirent comme lui cet enseignement de nos déboires : C'est que les bonnes intentions pavent notre histoire de ruines comme on dit qu'elles pavent l'enfer ; c'est que la plus sincère ardeur et la plus pure excitation ne peuvent servir de suffisante base à rien, et qu'il convient de penser plus avant de résoudre, de moins se croire en particulier et spontanément apte à tout, capable d'opérer envers et contre tous la rédemption de la patrie, parce qu'on a un système quelconque, avec d'honorables intentions.

Puis, que l'on cesse d'appeler traîtres ceux qui sont venus d'un régime à un autre, si du reste ils l'ont fait honnêtement. De 89 à nos jours il n'y aurait que traîtres à nommer ! La conscience poursuit sous un règne ce qu'elle attendit vainement d'un autre ordre. Hé ! le peuple lui-même passe ainsi des dieux tombés aux dieux nouveaux, allant avec même religion de l'idole d'hier à celle d'aujourd'hui, faute de connaître son Saint des Saints. En haut et en bas mêmes piéges : ignorance et séduction. Croit-on que des gouvernements courent aux gémonies de gaieté de cœur ? et que s'ils connaissaient leur vraie loi ils la violeraient, sûrs d'en mourir ?...

Non. Ne dénonçons que l'inconscience d'où dérivent passions et fléaux, et tâchons enfin d'en sortir.

Hélas ! Lorsque vous acculez un homme à discuter la République, il vous dit : « Oui, cela est certain ; ce serait le meilleur gouvernement !... Mais la France n'est pas assez sage ; nous ne sommes pas assez vertueux. Ce n'est qu'une belle théorie. » Voilà qui condamne la forme dans son application actuelle, et prouve le fond nécessaire dans le principe, la recherche, la tendance ; car il faut toujours, pour le peuple, paraître être le meilleur gouvernement ; on a dit mieux : « La meilleure des Républiques. »

Le sens républicain est comme le *substratum* de notre être. C'est le sens juridique, moral, le sens de la sociabilité même, et nous nous défions de lui ! Pourtant c'est lui qui nous élève, nous éclaire, nous illumine, nous rend unanimes par vertu et nous montre solidaires par raison. C'est lui qui efface nos haines, qui calme nos impatiences, nous rend impartiaux, indulgents, dévoués, héros patriotes quotidiens, sages et saints de tous les instants ; qui seul nous rattache bien réellement à ce qui est par les liens les plus sacrés et par amour de ce qui doit être. Il est, au fond de l'humanité, ce sentiment religieux qui, par la foi sainte, tend au Ciel, et qui, par la raison plus sainte encore, tend au salut de l'homme sur la terre. On n'aime, lorsqu'on est vraiment UN CITOYEN, le gouvernement temporaire quelconque en sa forme, que parce qu'on aime LA RÉPUBLIQUE, et parce qu'il sert la République.

En dernière analyse, le peuple ne conçoit jamais qu'un fidèle représentant de lui-même ; il n'adore que son type idéal, ne défend que son défenseur. Son principe et sa vraie maxime, c'est : *Un pour tous, tous pour un.* Le gouvernement pour le peuple, et le peuple alors pour le gouvernement.

Si un gouvernement ne comprend point cela, il n'y a bientôt plus pour lui aussi bien que pour ses souteneurs jurés, que fausses caresses, sûre haine, catastrophes inévitables, qu'ombre de gloire et d'avenir.

Note B. (*Voir page 6.*)

« Je suis sorti de la légalité pour rentrer dans le droit. » (*Proclamation du coup-d'état par Louis-Napoléon.*)

Il nous a tous mis *hors la loi* en s'y sentant placé lui-même, afin de n'être pas condamné. Car si le principe de la légalité dominait encore en effet aujourd'hui, nous nous devrions tous contre le coup-d'état ; Louis-Napoléon appartiendrait *à la loi*, dont nous devrions être les exécuteurs à sa charge.

Non. La loi est positivement abolie.

La loi n'est plus la Souveraineté, commandant à la fois le peuple et le roi.

La loi n'est plus le sanctuaire, puisqu'elle a été violée et son violateur acclamé jusque dans le temple de la Justice. Elle n'est plus qu'une simple règle de conduite, dont on peut user ou n'user pas, dont le gouvernement se sert ou non, et dont le peuple peut se passer. C'est pour cela que l'on s'indigne si souvent de ses applications intolérables, arbitraires, contradictoires, et qu'on la respecte si peu ; tandis que l'on ne s'indigne point de la voir négligée, mise en sommeil et violée de nouveau par le pouvoir qui la possède et la maîtrise, de son propre consentement.

Comment se justifierait autrement ce que le ministère Forcade a appelé *sa tolérance,* pendant six longs mois de liberté absolue de la presse ? Au sens de la légalité, de quel droit le gouvernement aurait-il montré cette tolérance coupable quand la loi ordonnait autrement ?

En vertu de la souveraineté du peuple, loi suprême, unique loi actuelle, qui ne s'écrit pas (puisqu'elle change comme la volonté même du peuple, mais qui se résume en Justice) et d'après le coup-d'état de Décembre, toute loi écrite est illégale : elle n'est qu'une règle à consulter et qu'on peut toujours mettre en débat devant le Droit ou la Justice, par l'examen logique du principe de la souveraineté populaire en l'espèce. Il est toujours permis d'avoir raison contre la loi, si le bon sens exige aussi que l'on n'ait jamais tort contre elle. Elle est le point en discussion dans toute contestation juridique et doit faire sa preuve de raison ou bien doit être condamnée.

La poursuite, au nom de la loi, contre M. Rochefort, député du peuple, est une contradiction et un non-sens, un brandon de discorde et un ferment de déraison

La légalité, simple règle, ne pouvait primer le droit populaire essentiel, et 222 députés se déclarant égaux aux citoyens devant la Justice (la loi du peuple) ne pouvaient légitimement l'emporter sur 18,000 électeurs souverains. Il n'y avait qu'à faire appel à ceux-ci *comme d'abus* avec instruction préalable. En cherchant à faire de la légalité un principe supérieur à la souveraineté même, une condition de la souveraineté, on a attenté au droit populaire, *ipso facto* condamné l'Empire issu de cette souveraineté, élu à l'encontre de la loi, et on a désordonné tout dans l'Etat. Messieurs les ministres et les députés n'y ont pas songé. Mais le trouble public ne provient que de leur irrationnalité complice de l'illogisme général. Inconséquence et courte vue *en haut* tout aussi bien qu'*en bas*.

A remarquer que la gauche *républicaine*, dans l'affaire Rochefort, a voté contre l'égalité devant la loi, et pour le privilége parlementaire, la distinction et l'arbitraire autoritaires ; tandis que la majorité, y compris l'Arcadie impériale, livrait, par passion ou tactique aveuglée, sa propre autorité, celle des élus du peuple (la plus haute et la dernière forme de l'autorité convenue ou légale) aux exigences logiques de l'ordre et de l'esprit démocratique. Ces interversions de rôles se renouvellent constamment : je les note sous la rubrique. « Jeu des contraires. »

L'inviolabilité des députés et de certains autres fonctionnaires publics était un reste des immunités et prérogatives attribuées par la foi populaire à la royauté, et tournées par le sens révolutionnaire contre la royauté même, divisée et partagée ainsi entre le roi et des commis ou représentants de la Nation. Doctrine de transition nécessaire à l'amoindrissement et à la négation de l'absolutisme, tactique utile du grand combat de la démocratie naissante contre la monarchie vieillie ; mais non pas principe de droit en soi.

Sous la souveraineté du peuple proclamée, l'immunité et le privilége ne sont plus dirigés contre le trône ; ils le sont contre le pays. C'est encore la souveraineté qu'ils entament, mais c'est la souveraineté du peuple maintenant ; c'est le peuple qu'ils divisent. Ils ne sont plus qu'une perversion du principe d'Etat et de la logique démocratique ; et, par contradiction, deviennent monarchisme !

En autorisant donc des poursuites contre le député Rochefort, en s'y décidant par cette considération que, dans le même cas, un autre citoyen pourrait être librement poursuivi au nom de la loi ; en prononçant que l'inviolabilité ne doit s'entendre que de la réunion et de la fonction des députés en corps, mais que leurs individualités sont soumises à la loi de l'égalité, le Corps-Législatif a détruit le dernier reste du privilége et de l'immunité, il a porté le dernier coup au monarchisme encore inclus dans la fausse notion juridique de l'inviolabilité, devenue contre-révolutionnaire, de ses membres.

En livrant la personne du législateur à l'exigence de la loi, au nom du principe populaire, il a sapé la loi elle-même, en sa propre faculté législative ; il a mis la Justice et la logique au-dessus des institutions légales : la Justice seule reste à présent comme Raison d'Etat !

Il a dit que le peuple souverain lui-même ne peut conférer à personne une inviolable souveraineté ; que ses fonctionnaires et ses élus quels qu'ils soient sont nantis d'un mandat à remplir sans recevoir aucun sacre particulier pour autant, sans être doués d'un titre de souveraineté exclusif; qu'ils ne sont souverains, inviolables et sacrés qu'en leur qualité de citoyens, comme chaque citoyen le doit être en Justice dans une démocratie véritable, car chaque citoyen en effet y doit être un *représentant du peuple*, lequel peuple n'a pas de représentant possible hors de lui ni de souverain au-dessus...   (*Janvier* 1870.)

Note C. (*Voir page* 38.)

L'illusion par laquelle on recherche dans le suffrage électoral l'expression intégrale de l'opinion publique, fait qu'on se livre, après chaque vote, à des interprétations sans nombre, et, pour la plupart, sans fondement, sur les chiffres déterminés. La divergence des points de vue devrait indiquer à elle seule que le procédé est étroit autant au moins qu'il est commode. Le paragraphe qu'on vient de lire montre combien il peut être trompeur. Les chiffres se prêtent à tous calculs. Et un gouvernement ne représente pas des chiffres! Les 8,000,000 de *voix* de l'Empire n'ont pas fait que l'Empereur pût vivre réellement pour 8,000,000 de citoyens et trouver 8,000,000 de tenants : c'était 8,000,000 d'exigences !...

Cependant, au dernier scrutin, les chiffres eurent l'éloquence profonde, malgré un grand chaos de termes. Ils ont certes un sens évident, mais dont la plus grande force est cachée. Tâchons donc de le mieux découvrir.

Dans le *système* constitutionnel, ou l'économie du régime, l'opposition n'est pas possible. Le gouvernement pourrait laisser purement et simplement chaque candidature se poser, sous la condition du serment : le résultat électoral ne révélerait rien de nouveau. L'opinion est liée d'avance, c'est-à-dire en son expression. Aux dernières élections aussi bien que précédemment, tout vote, en cette position simple, n'eût exprimé que la confiance, le bon accord ; toute abstention aurait pu être supposée en accord tacite. Selon le système du moins, et sans découverte nouvelle, rien de plus ne résultait de là ; les noms d'hommes ne signifiant rien, que la Constitution jurée telle quelle et la fidélité au trône.

Mais à la veille de ces élections un jour brillant fut projeté sur la Constitution elle-même, en fit voir la contradiction, et montra les ressources de droit que le peuple en pouvait tirer. Le principe en fut dégagé et rendu distinct du système, affranchi de la contradiction, restitué en souveraineté. Le grand publiciste Proudhon (1) éclaira le chaos politique et sut féconder le régime, en rendant service à la France ; mais il effraya le pouvoir inquiet de sa propre fécondité, et mécontenta gravement les ambitieux, nous voulons dire les libéraux de l'opposition : ils ne supportent pas tant de lumière ; ils prirent celle-là pour incendie ! Ce double effet d'une si belle thèse, d'une vérité si rassurante, garantie et salut pour tous, aurait de quoi nous étonner si nous ne savions ce qu'est l'inconscience ou ne lisions qu'à la surface ! Quoi qu'il en soit, l'abstention désormais prenait un grand sens, une forte action politique : elle devenait l'agent libérateur du principe compromis et tenu captif dans le système ; elle était l'arme de l'opinion froissée, réclamant toute satisfaction, mise en état de se faire obéir, — l'arme pacifique du droit même, à coup sûr trempée pour tout vaincre. Ce qu'on redouta donc le plus, ce fut à présent l'abstention, qu'auparavant l'on s'attribuait si commodément favorable, et qui, dans une certaine limite, ne déplaisait pas trop au système. En conséquence, le gouvernement déclara haut et ferme en cette occurrence, qu'il fallait voter, et voter pour ses seuls candidats choisis ; que c'était d'urgence, de nécessité, de salut public, et, à l'appui de ce manifeste, répété dans la France entière, il joua comme son va-tout, en n'exposant que son principe, en n'invoquant que lui, le restituant par ses promesses, mettant sa politique sous cet abri. De son côté, l'opposition combattit aussi l'abstention, par les motifs désespérés d'une politique

---

(1) *Les Démocrates assermentés et les Réfractaires* (*Paris, Dentu*).

7

aux abois, par des entraînements de commande, par des excitations aveugles. Aux électeurs à se débrouiller ! Jamais le cas ne fut plus difficile.

Notons ici, par parenthèse, que l'opposition assermentée ne peut être que funeste au régime, soit qu'elle y demeure impuissante, soit qu'elle l'agite sans l'instruire, soit qu'elle le vainque ou le convainque, le force à la légalité ou le ramène à la liberté ; tandis que l'opposition consciente du droit lui serait seule secourable, même contre ses intimes, ses acolytes, et contre son système mortel. Et l'on choye les assermentés, par une étrange anomalie ! Et les abstentionnistes alarment !

Maintenant, examinons les chiffres :

ÉLECTIONS DE 1863.

Électeurs inscrits. 9,938,685 (le chiffre le plus fort jusqu'à ce jour)
Votants. 7,262,623
Pour les candidats officiels ou recommandés. . . 5,308,254
Pour les candidats divers de l'opposition assermentée, combattus. . . . . 1,954,369 ⎱
Abstentions, combattues . . . . . 2,676,062 ⎰ 4,630,431

Ces chiffres sont extraits de l'*Annuaire du Corps législatif donnant le mouvement électoral de* 1863. (*Paris, faubourg Montmartre,* 10.)

Remarquons avant de poursuivre, qu'en vertu du chiffre des *inscrits*, le Corps législatif ne devrait compter qu'un peu plus de la moitié de députés recommandés, puisque sur 9,938,685 électeurs, les candidats officiels n'ont reçu que 5,308,254 votes. C'est donc le gouvernement qui a bénéficié, *en nombre*, des abstentions qui, *en raison*, ne peuvent être comptées que contre lui (1). Cela montre quelle illusion ce serait de croire que la forte majorité parlementaire indique la presque unanimité du pays. Même d'après le chiffre des *votants*, l'opposition assermentée ne compte pas un nombre de députés en rapport avec le nombre des suffrages qu'elle a reçus. La proportion est, dans les votes, en chiffres

---

(1) Bel argument fourni à la polémique des assermentés opposants, qui démêlent si peu de choses dans les faits, si nous ne notions vite ici que le nombre n'est ni la raison ni la loi réelles, et que sous ce régime, après tout, les députés recommandés, obéissants, valent mieux, devant la conscience publique, que les autres, également jurés, mais indisciplinés, prétentieux et inconséquents ; on pourrait même dire plus d'après leur serment. Les premiers ne représentent qu'une contradiction, avec du moins le terme du droit ! Les seconds représentent tout un chaos de contradictions, et hors du droit, dans la pure fiction. Que les choses seraient simplifiées et que la France s'en trouverait bientôt mieux s'il y avait unanimité dans le Corps législatif et dans la presse : l'opposition ambitieuse et bavarde est le pire fléau de la nation.

ronds, de 2,000,000 à 5,500,000 (j'arrondis davantage sur ce dernier chiffre que sur l'autre). Il faudrait donc que l'opposition comptât au Corps législatif un tiers *au moins* des membres de celui-ci, soit 94 députés au lieu de 34, pour que la représentation fût un tantinet plus exacte (1). Cela dit passons.

En raison des déclarations du pouvoir :

1° Les votants de l'opposition se sont seuls montrés de tous points hostiles au gouvernement (2), sur le principe et le système. Ils sont ce qu'on a appelé *la coalition des partis*, contraires au principe qui les ruine, comme au système qui n'est pas le leur. Le serment n'a été pour eux qu'une arme de guerre, on l'a dit ; la légalité un moyen.

2° Les votants de la majorité ont, comme nous l'avons expliqué, tenu compte des déclarations instantes, les uns par crainte des partis et pour s'en tenir au droit tout pur dont on invoquait le bénéfice ; les autres, sous le même point de vue, pardonnant les déviations du droit dans le système par espoir de redressement ensuite des promesses nouvelles. Par des déclarations aussi tranchées que celles qu'il a cru devoir faire, le gouvernement mettait en question le principe avec le système, et les électeurs, liés ainsi, embarrassés, ne sachant que faire, durent préférer pour la plupart — (ils ne comprennent pas tous encore l'abstention) — paraître ratifier le système que de désavouer le principe. Mais la nécessité dans laquelle le gouvernement s'est trouvé placé, en s'exposant solennellement sous l'invocation de son principe, prouve bien que ce n'est pas son système qui lui eut assuré la victoire. Les adjurations aussi bien que les objurgations du pouvoir en cette circonstance ont été la condamnation de sa politique. Comment donc y a-t-il persisté ?

3° Enfin l'abstention observée malgré des excitations de tous

_____

(1) Le retard *forcé* apporté dans la publication de cette étude me permet aujourd'hui d'ajouter cette réflexion :

Aux 94 députés de l'opposition que devrait compter le Corps législatif, si l'on ajoute les 45 députés libéraux de l'amendement dit des 45, on pourra trouver une indication plus exacte de l'opinion publique, même au baromètre officiel. Ce n'est pas encore là l'opinion vraie ; mais cela y conduit et s'en rapproche.

Le gouvernement aurait gagné, par la sincérité et la loyauté, de pouvoir juger mieux des véritables tendances de l'esprit public et de pouvoir aviser en connaissance de cause ; tandis qu'avec son système d'interprétations et ses procédés de manipulation, il ne sait en réalité à quoi s'en tenir et est en définitive dupe de lui-même. Placé pour voir au mieux en France, c'est lui qui regarde au plus mal. On est toujours puni par où l'on pèche. (1867.)

(2) On a dit depuis le mot : *irréconciliables.* (*Janvier* 1870.)

genres, démontre que les abstentionnistes ne sont pas de l'opposition en ce qui regarde le principe, puisqu'ils ont résisté *quand-même* à l'entraînement passionné des assermentés batailleurs ; mais qu'ils sont bien résolument de l'opposition au système, puisqu'ils ont résisté *quand-même* aux adjurations du pouvoir.

J'interprète ces choses évidentes dans le sens le plus favorable au régime. Je veux croire et je dois penser que nombre d'abstentions n'ont pas un caractère aussi hostile à l'organisme officiel, en ce qui concerne les personnes, que celui des votes donnés aux opposants assermentés. Il n'en est pas moins toutefois que ces abstentions sont, en elles, ce qu'il y a de plus nuisible dans les conditions du système, comme ce qu'il y a de plus efficace dans la revendication du droit. Le gouvernement pourrait très-bien supporter une majorité d'opposition assermentée, — fût-elle possible par malheur ! — il pourrait même, et à coup-sûr, en tirer un bénéfice politique momentané pour son système : il retrouverait aussitôt avec lui, grâce à elle, le pays de nouveau effrayé, perplexe, mis en désarroi. Un coup-d'état lui redeviendrait possible et reparaîtrait nécessaire (1).

---

(1) C'a été l'espoir du gouvernement, définitivement débordé en 1869. Beaucoup disent qu'il en préparait, au mois de Juin surtout, la coupable et folle tentative ! Mais ce n'était pas le triomphe de *l'opposition* irréconciliable et systématique en face de quoi il se trouvait, et contre quoi seulement il eut pu agir par les armes. Il avait la France sans parti pris devant lui. Il était devant la force des choses et devant la logique de son propre principe, contre lesquelles chassepots ni casse-têtes ne servent.

Il est absurde d'avoir craint, de craindre encore révolution de rue ou coup-d'état. On ne fait pas un coup-d'état quand l'Etat est devenu le Peuple : on ne peut faire un coup-d'état que contre un système légal, une manière de gouvernement, et non contre le droit réel invulnérable, la puissance publique indestructible, exclusive, dont on relève sous le suffrage universel. On ne fait pas non plus de révolution contre le peuple dont la souveraineté ne peut s'atteindre, et qui ne peut se suicider par l'acte d'un parti quelconque.

Le suffrage universel établi change tout dans la marche politique : il est la révolution permanente (comme la Vie même) mais la révolution pacifique, intéressée ou égoïste, toujours. *Il faut* s'instruire et s'en instruire.

Révolution de main ou coup-d'état (contre-révolution sous deux noms !) ne pourraient triompher aujourd'hui que de la souveraineté du peuple, *la souveraineté réelle*, dernière et suprême condition de l'ordre, de la liberté, de la Justice... Ce serait une contradiction dans l'histoire, une contradiction de la Vie même, le néant de la logique et des choses. Impossible !... par la même raison qui rend maintenant impossible en France une succession dynastique...

La force et le sang appartiennent de nature à la Révolution. Celle-ci est advenue, proclamée, rationalisée en puissance, établie en principe,

Mais il ne pourrait désormais que se soumettre devant un

---

politiquement pratiquée, et nécessairement *une* dans l'unité du peuple faite en droit. Rien ne peut ni ne pourra contre elle.

C'est cette impossibilité radicale qui rend LE POUVOIR (?) esclave d'une situation qui l'enrage, le contraint à y céder piteusement malgré sa jactance menaçante, ses attitudes de fier-à-bras, et sa résolution prise certainement de tout faire pour y échapper, s'il pouvait. Que de fois je me suis récrié en entendant de bons bourgeois déclarer que « celui-ci » ne s'en irait pas comme les autres, qu'il détruirait plutôt Paris de fond en comble ! ou de braves soldats, ma foi sans peur, affirmer que « la force » aurait raison de tout, qu'au moment venu on le verrait bien ! De véritables promesses de *merveilles* par les chassepots et mitrailleuses, faites à la patrie française, comme si les pauvres garibaldiens en étaient !...

Cependant, ce pouvoir fort et si résolu s'y enfonce et n'essaie plus même d'en tirer son honneur que par des affirmations saugrenues. La révolution qui le détruit provient de son initiative même! Les réformes radicales opérées, avec leurs conséquences prochaines nécessaires, tout cela est de sa spontanéité! Il ne veut pas qu'il soit dit que le pays commande; il faut qu'on croie qu'il se laisse tout bonnement faire et qu'il n'aspire qu'à obéir! Le souci de... *l'autorité* l'exige ainsi. Sans quoi le pouvoir abdiquerait sans doute par fidélité au principe, pour sauver sa responsabilité... et sa dignité... Puérilité!

Ceux qui continuent à soutenir que cette révolution pacifique provient en effet de l'initiative et de la spontanéité impériales, ne s'aperçoivent donc pas qu'ils ruinent irrémédiablement l'autorité de ce pouvoir? et le déconsidèrent et le déshonorent, plus que ses irréconciliables ennemis ne le font? Si c'est spontanément qu'il change ainsi du tout au tout, en évoluant d'un pôle à l'autre, — alors quelle foi garder en lui? quelle sécurité nourrir en nous?

Il devient, de son propre fait, ce qu'il a toujours condamné et proscrit; il proscrit et condamne tout ce qu'il a été. Il s'est désavoué en ce qu'il est, il se désavoue en ce qu'il fut. Est-ce son régime passé qui est le faux, est-ce son régime présent, si l'on ne s'en rapporte qu'à lui? Avec lui quel régime demain? Quelle confiance avoir? *Sur quel pied danser ?...*

Que n'abdique-t-il tout uniment puisque l'expérience lui manque, que son *génie* se contredit, ne se sait; que ses variations personnelles troublent et ridiculisent la France, que son initiative déréglée inquiète les affaires et le monde, que son incertitude et son incapacité flagrantes sont révélées? On l'applaudira mieux encore, puisqu'enfin il sera conséquent. Car s'il a si mal conservé d'aplomb « la pyramide » prétendue « remise sur sa base, » comment la maintiendra-t-il plus solide en la replaçant sur sa pointe? C'est le « couronnement de l'édifice » renversé.

Ceux donc qui veulent que la transformation de l'Empire soit due à la spontanéité de l'Empereur, dont les inspirations, selon eux, restent sacrées, et la volonté souveraine, ne font ainsi de l'Empire qu'un chaos effroyable pour le sens humain, un danger public permanent et désormais insupportable. Ils en détruisent le sens moral avec la raison poli-

chiffre d'abstentions un peu plus considérable seulement (1).

---

tique, lui enlèvent toute responsabilité effective, sans laquelle pas d'autorité.

Mieux vaudrait reconnaître humblement que l'on vivait auparavant dans l'erreur, que l'événement l'a prouvé, qu'il a été comme une vision de saint Paul, et que l'on s'est converti *sincèrement*... faire croire à cette sincérité!... Puis, par des actes habiles et prompts, tâcher de regagner du prestige... Ce sera certes difficile. Mais c'est la seule voie ouverte, logique.

Or, ce sont les acharnés adversaires qui indiquent cette unique ressource de salut! Les zélés et dévoués amis l'interdisent!...

(*Janvier* 1870.)

(1) En 1869 ce sont les *abstentions*, avec un procédé nouveau, d'occasion, qui ont pénétré comme raison politique dans le régime et en ont déterminé le changement. Sauf de la part des *irréconciliables*, qui ne se sont pas abstenus, même sur le serment incompatible avec leur programme, les élections de 1869 n'ont pas eu le caractère d'une lutte contre le principe du gouvernement, mais celui seulement d'une évolution de ce principe, en contradiction avec le système ruiné par résolution ou dissolution. Nombre de candidats autrefois officiels se sont *abstenus* de réclamer l'appui du pouvoir et en ont récusé la suzeraineté. Le pouvoir lui-même a dû *s'abstenir* de la candidature officielle partout où elle lui eut été plus contraire, en accentuant mieux sa défaite. Il a été par cela le premier *abstentionniste*. Quelle condamnation de ses pratiques et de ses affirmations précédentes! Quelle immolation de son système! Il était vaincu là-dessus, et par son *abstention* même, avant l'ouverture de la lice électorale dans le pays. Le peuple n'ayant pas su user de l'abstention, le gouvernement en a dû montrer la virtualité contre lui-même !

Sa pression administrative extrême dans des circonscriptions moins libérées, en montrant ses contradictions et sa duplicité, son défaut d'assurance ou de sincérité dans sa conversion nécessaire, n'a fait que rendre son état plus difficile, l'agonie de son régime plus douloureuse, au milieu de perturbations plus grandes. Il a pensé diviser le peuple encore, échapper au verdict de l'opinion troublée, conserver la suprématie impériale par des oppositions de noms entre les élus !

Et les observateurs superficiels ont cru effectivement un moment que le pouvoir l'emportait encore par le nombre ! Mais l'événement a montré l'erreur, que n'avaient certes pas partagée les gens qui vont au fond des choses et qui avaient dû remarquer *l'unanimité nationale*.

Car on ne vote sur des noms d'hommes que comme garantie des programmes, et les noms préférés signifient qu'on les croit les meilleurs garants, rien de plus.

Or, tous les programmes, cette fois, ont eu des points communs essentiels, bien que signés des plus différents noms. Tous ont dit : *liberté*, *paix, économie, contrôle!* c'est-à-dire : *à bas le vieux système !* Presque tous ont dit aussi : *pas de révolution*, c'est-à-dire : *pas de violence*,

Toutes ces abstentions, dira-t-il, ne sont pas motivées comme je le prétends. Mais quoi! quand il fait un appel si pressant et si chaud aux siens pour la lutte, le gouvernement confond-il avec ses amés et féaux, ceux qui ne lui répondent pas et le désertent, même sans passer à l'ennemi? Sous le règne de l'opinion, le devoir de chaque citoyen est de chercher à former la sienne, et de l'apporter pure et franche dans le concours national; le besoin du gouvernement est de la recevoir en conscience, de la connaître et de l'appliquer. Chaque citoyen est un fonctionnaire de l'Opinion, et s'il donne sa démission c'est protestation, désaveu, ou c'est abandon tout au moins, et le régime d'opinion en souffre. Qu'elle se retire ou se refuse, qu'elle se renferme en elle-même, raisonnée ou indifférente, elle devient par le fait contraire. C'est le subside moral qu'elle retient, l'impôt de conscience et de vérité plus grand et aussi nécessaire que l'impôt du sang ou de l'argent. Elle laisse le gouvernement privé, dénué de sa principale ressource, et, selon la mesure, compromis.

Voyez donc quelles méprises funestes! Avant les dernières élections, avant le génie expliqué du principe constitutionnel actuel,

---

pas d'acte de force (ni pour ni contre), ou de réaction contre le principe. Et c'était inféoder l'Empire lui-même à sa pacifique défaite!...

Sur tout cela, au sens électoral, droite, centre-droit et centre-gauche, partie de la gauche elle-même, ont pareille signification. M. Granier de Cassagnac ou M. Vendre, par exemple, dans la raison de leurs programmes, et selon le vœu populaire pour lequel ils les ont signés, ne diffèrent point en cela de MM. Emile Ollivier, Haentjens, Guyot-Monpayroux, etc., même de M. Jules Simon. La Chambre devrait être unanime... si elle possédait le sens politique, la raison de son origine. Mais le ministère Ollivier, qui est le « minimum » des revendications publiques, » bénéficie de cet état de choses, et rallie la majorité sans en être le produit voulu, sans avoir de majorité!...

Quelle différence entre le ministre Rouher et le ministre Emile Ollivier! Le premier n'avait qu'une perverse ressource : les récriminations fanatiques, les appels systématiquement incendiaires faits aux passions ; le second a la discussion calme, les vues honnêtes, le raisonnement salutaire. Le premier a été l'homme fatal de l'Empire, le second est l'homme presque providentiel du pays. Pourquoi faut-il qu'il soit de l'Empire?...

Honnêteté corrompue d'illusion et conscience mésalliée, il s'est fait un sort qui le restreint, qui peut-être l'accablera. Avec beaucoup de dévouement d'âme, trop d'ambition de talent et d'active générosité l'ont sans doute trompé. Il vaut mieux que ce qu'il soutient, il le soutient mieux que cela ne vaut. Homme de l'avenir incorruptible il doit être incorruptible aussi, mais il nage dans ce présent impur : Puisse-t-il ne s'y pas noyer!...

L'abstention l'aurait préservé, en même temps qu'elle nous eût sauvés.

(Janvier 1870.)

les abstentions, toutes nuisibles et qui pouvaient même l'être alors à la vitalité du principe, étaient comptées par le pouvoir à son actif et bon profit. Et maintenant qu'elles tournent toutes à la défense du principe, qu'elles tendent à le sauvegarder des erreurs mortelles du système, le régime qui se réclame de l'Opinion, le gouvernement né du principe, ne peut que les compter contre lui. C'est la scission fondamentale dans tout ce qui est et gouverne. Toute puissance divisée en elle-même est cependant bien avertie. Quels enseignements sortent de là !

J'ai négligé maintes observations accessoires, quoique très-importantes et sérieuses, sur le mouvement électoral de 1863. Mais qui ne voit, par ce que j'ai dit, que le trouble est de tous côtés sans que la raison des choses s'obscurcisse ; que de toutes parts on suit de fausses directions, sans que la logique du mouvement se démente ? Le profond caractère indéniable du mouvement électoral récent, c'est la réclamation du droit et non celle de la liberté. Dans cette campagne pour le droit toutes les consciences s'accordent et la liberté seule les divise. Mais la contradiction éclate, dans l'ordre même du régime, entre le principe et le système, et voilà ce qui nous explique les embarras, les inquiétudes, les empêchements, la lourde attente qui pèsent sur la situation et la rendent en effet si grave. On n'en pourra bien triompher qu'en revenant à la raison, à la loi même du Coup-d'Etat, à ce qui le rendit légitime et lui valut consécration malgré tout, c'est-à-dire qu'en soumettant la légalité au droit sincèrement, ou en les faisant identiques.

Nous parlerons peu des élections partielles du 20 mars :

1re *Circonscription :* 34,612 inscrits. 19,813 votants.

    13,554 pour M. Carnot.
    4,979 pour M. Pinard.
    14,799 abstentions.

5e *Circonscription :* 37,229 inscrits. 22,382 votants.

    14,807 pour M. Garnier-Pagès.
    6,191 pour M. Lévy.
    1,384 pour divers.
    14,847 abstentions.

Mrs Carnot et Garnier-Pagès se trouvent élus. Il y avait grand conflit de noms. Les organes *de la liberté* n'avaient pu se mettre d'accord. Ce sont les promoteurs de la guerre (chose contraire à la liberté) qui ont soutenu vaille que vaille, l'un un seul de ces candidats (1), l'autre les deux *mais avec regret* (2).

---

(1) Le *Siècle*.
(2) L'*Opinion Nationale*.

On ne peut voir là le triomphe d'une politique de liberté. Mais on y doit voir certainement une nouvelle manifestation du droit :

1° Les abstentions ont augmenté, et sont même en majorité ;

2° Le système seul, et non le principe, se trouvait cette fois en question, car le gouvernement n'a pas renouvelé ses précédentes déclarations, ou plutôt il les a retirées de fait, en s'abstenant même de soutenir aucun candidat officiel. Donc le système seul est frappé, non le principe ;

3° Il convient de noter que des mesures récentes contre MM. Carnot et Garnier-Pagès (1) sont sans doute ce qui a le mieux assuré leur succès, abstraction faite du caractère de leur personnalité politique et comme simples représentants du droit.

Le peuple a repris ces deux noms de 1848. Est-ce pour faire *l'apothéose* d'un régime de liberté qu'il a laissé abattre à l'aise, qu'il n'a pas cru devoir défendre? On l'a dit, mais cela n'est pas. Seulement, en revenant à de tels noms, qui d'ailleurs ne sont pas exclus du droit et que l'on chicanait à tort sur le droit, le peuple proteste et agit, non avec plus de clairvoyance, mais avec plus de résolution. Il espère donner au pouvoir un avertissement plus marqué, un amendement plus efficace, et lui signifier enfin une plus rigoureuse mise en demeure. Du droit, du droit, rien que du droit !

Des feuilles officieuses, à ce propos, cherchent à mettre la province et Paris en hostilité. Les malheureuses! C'est un crime, et c'est une sottise. La province et Paris sont d'accord infiniment plus qu'on ne le croit; qu'on touche au fond, et on le verra. Est-ce que le peuple n'est pas identique à lui-même? Soulever la province contre Paris par des mots et pour des noms d'hommes, ce serait... Mais n'y pensons pas (2).

MM. Garnier-Pagès et Carnot, assermentés comme les autres, légitiment constitutionnellement à leur tour le système avec le principe, et deviennent les sujets jurés du régime tel quel, bien qu'ils disent et bien qu'ils en aient. Ils n'auront pas d'autre caractère à la Chambre que le caractère commun à tous ceux qui y sont déjà. Ils perdent leur ancienne signification. Ce grand

(1) Pour réunion dite illégale.

(2) On a essayé de reprendre cette machination infernale en 1869 et 70. Aujourd'hui même je trouve encore de ces excitations machiavéliques dans *le Loiret*... On dirait d'un mot d'ordre donné en-dessous. Mais ce n'est qu'ignominie, turpitude et bêtise. Faites donc que la France se décapite de son propre bras!... (22 *janvier* 1870.)

échouement des partis dans une pareille contradiction, au pied
d'un obstacle commun, était peut-être désirable. Cela déblaie et
simplifie. Le peuple enfin verra ce que valent les mots ronflants,
les théories creuses, les noms d'idoles !... En attendant, malgré
la fusion, c'est toujours la confusion. Le gouvernement continue
à faire appel aux hommes *honnêtes* des anciens partis ! Et les
honnêtes de ces anciens partis qui se sont ralliés sous serment,
continuent à se prétendre libres et indépendants !...

Note D. (*Voir page 67.*)

Ceux qui attaquent l'Eglise le pressentent et s'en effrayent
sourdement malgré eux. C'est pourquoi ils protestent de leur foi
et tendent plutôt, en effet, au fond, à déplacer le sacerdoce pour
en conquérir l'influence, qu'à ruiner positivement celle-ci. Mais
c'est tout le contraire de ce qu'ils veulent qui a lieu : ils ne s'attachent point le clergé, et ils tuent effectivement la foi, c'est-à-dire
en même temps le respect pour l'Eglise officielle et pour toute
autre autorité constituée.

C'est une illusion de croire qu'une religion type et Mère puisse
abandonner son foyer et se livrer aux aventures selon la fantaisie
des temps, se prostituer impunément et se livrer à qui la paie ;
et qu'on en puisse conserver le souffle et l'âme, l'autorité vive,
l'honneur efficace, en en changeant l'application, en touchant, si
peu que ce soit, dans sa personnification essentielle, à sa réelle
moralité, vitalité, nourrie d'une foi liée par les siècles et de leurs
conséquentes traditions.

L'invention de M. Renan (1) pour détrousser le Catholicisme
en le dénonçant d'imposture sur *la divinité de la personne*, tout
en prêchant comme lui la foi en la *divinité de la doctrine*, est une
pauvreté sans avenir. On ne reconstituera jamais une Eglise sous
César Pontife, en reprenant à frais nouveaux l'œuvre même du
catholicisme, par la foi fixée sur un point plus spécialement que

---

(1) Il me paraît indubitable qu'il y a eu des *velléités* bien caractérisées
de transformer le culte catholique français en une *religion d'Etat impériale*. M. Cayla a dit le mot, en le prenant même pour titre d'une de ses
publications contre Rome : CÉSAR PONTIFE ! (*La Vie de Jésus* semble avoir
eu même perspective, et les livres de l'abbé *** *Le Maudit, La Religieuse, Les Jésuites*) venus en même temps, décèlent la même intention.
On a voulu suivre le testament de Napoléon qui recommandait à sa famille de s'emparer de la Papauté ou bien de s'y substituer. (Voir la
brochure du duc d'Aumale, saisie sous le second empire.)
C'était purement insensé !

sur un autre, et niée ici, affirmée là. On ne fondera jamais un culte sur la divinité de la doctrine séparée de celle de la personne. Et diminuer la religion par les atteintes qu'on porte au dogme et par les dogmes qu'on lui ravit, ce n'est pas le moyen de s'en faire fort ni de créer une nouvelle Eglise. Parler de Gallicanisme ne sert de rien. Les gallicans se rattachent à Rome dès que la foi est menacée : le péril de Rome ouvre leurs yeux sur leur profonde inconséquence, sauf pour quelques-uns, qui ont cause... Point de catholicisme sans Rome ! Plus de religion, selon la foi, sans le Catholicisme romain ! Les autres *Eglises* (?) ne vivraient point si celle de Rome n'était plus.

Le catholicisme est, selon la foi, dans la logique du mysticisme, le chef-d'œuvre de l'esprit humain. Tout s'y tient. Un croyant sensé (si cela ne jure) ; disons mieux, un croyant logique n'en ôte rien. On ne pourrait jamais faire mieux, et, si l'on tentait aussi bien en lui empruntant quoique ce fût, un article de foi quelconque, la simple divinité de la doctrine, il faudrait tôt le recommencer, refaire la synthèse qu'il a faite, donner un corps à la doctrine, en revenir au dogme personnel, et restaurer les siècles morts, en évoquant le moyen-âge, en remontant même au-delà, et en imitant Charlemagne, c'est-à-dire en reconnaissant le Christ Homme-Dieu, fils de Dieu, et reconstituant le Pape au Temporel. Mieux vaudrait débuter par là, si l'on veut rester dans la foi, si l'on croit que la foi vaille encore. (L'absolutisme lui-même a besoin de deux pieds et son grand malheur est de n'avoir pas qu'une tête !)

La foi est indivisible en elle-même et veut son Unité vivante (bien que fictive). Le Catholicisme en cela est plus fort que le Christianisme ignorant et devait venir après lui. C'est absurde d'opposer l'un à l'autre comme d'opposer l'homme fait à l'enfant. M. Veuillot voulant l'Inquisition (et l'Infaillibilité personnelle) est seul conséquent dans la foi. Essayez donc de rétablir l'Inquisition et de déclarer l'Infaillibilité papale, *si vous croyez*, ou ne tentez rien : c'est inutile.

Dans la logique de la foi, on ne peut être vraiment Pape que sous la condition du célibat, et l'on n'est vraiment roi ou César que sous la condition familiale. Heureuse incompatibilité de nature ! Merveilleuse prévoyance de la sagesse de la Loi et du génie libérateur des êtres dans l'universelle raison des choses ! Elle nous a valu le conflit, la séparation des deux règnes : elle a tenu le chemin ouvert aux droits de l'homme par l'empêchement infranchissable opposé à l'absolutisme en lui-même, mutilé dès qu'il prend naissance, coupé en deux dès son ovaire et cherchant en vain à se rejoindre. Si le Papisme et le Césarisme ne subissaient point ainsi des conditions incompatibles, l'absolutisme mangerait la Terre ; il l'aurait dévorée déjà... ou plutôt elle n'existerait point : le propre de l'absolutisme, c'est le néant.

M. Renan et ses pareils savent enfoncer des portes ouvertes mais ne savent point ouvrir une lucarne. Leur système manque d'air et d'espace, et leur foi n'est qu'une idiote. Ils détruisent tout le spirituel dans la foi et s'imaginent garder la foi et sauver avec elle tout l'Esprit ! Ils respirent à pleins poumons dans une atmosphère d'asphyxie ; ils en crèvent en pensant au Ciel, et disant : « C'est là-haut que l'on vit ! » Qu'on les ramène bien vite à Rome pour s'instruire et pour être sauvés. Singuliers successeurs prétendus des vrais croyants en la Justice, des « sages de tous les temps » comme ils disent eux-mêmes avec un petit ton humble de sacristie.

De plus, qu'on le remarque bien, les schismes sont un symptôme de la dissolution des dogmes, et non pas de leur rénovation.

Enfin prétendre renouveler la foi, c'est mettre à Saint-Nazaire un barrage pour défendre au fleuve la mer, et forcer les flots de la Loire à rebrousser jusque vers Saint-Etienne...

Détruire le temporel du Pape, c'est détruire la foi catholique et toute foi autoritaire ; c'est pousser forcément le clergé dans les voies de la Révolution, où, redevenu militant, il ressaisira le spirituel efficace et réel, au profit de l'Eglise souffrante devenant enfin l'Eglise triomphante.

C'est inévitable, et c'était nécessaire. Le clergé eût dû voir cela de lui-même. Il ne l'a pas vu, personne ne l'a vu, tout le monde entend même le contraire, et tout le monde en se tourmentant au lieu de suivre la sagesse, va néanmoins à ce qui doit être, sans le comprendre et sans y croire...   (*Novembre* 1865.)

————

J'admire, avec confusion, le verbiage applaudi de tant d'hommes du reste bien intentionnés et même sensés autrement, qui « appellent l'attention de tous sur la *nécessité* de concilier *le vrai catholicisme* avec *le vrai patriotisme*. » (1) Ils se croient bons catholiques en même temps que bons patriotes !... Mais ce n'est là qu'une *croyance*.

Ils ne savent pas que Catholicisme et Patrie sont choses et mots qui jurent ensemble dans l'histoire et dans la conscience, en vertu précisément de la foi ; que pour être bon catholique il faut être catholique romain et qu'on n'est pas bon français de la sorte ; que l'on n'est un vrai patriote qu'au sens de la Révolution et au service des droits de l'homme, par raison de Nature ; et qu'on

———

(1) Voir *Moniteur universel* du 23 janvier 1870, note bibliographique sur une brochure intitulée : « Du Concile œcuménique ; Observations d'un laïque bon français et bon catholique. »

n'est un vrai Catholique que contre la Révolution et la France,
par commandement de la grâce, ordre indiscutable d'en haut, par
négation de vie et de raison.

À ces braves gens on pourrait dire le mot frappé sur certains
démocrates : *Citoyens catholiques*, vous n'êtes que des « bla-
gueurs. »   (*Janvier* 1870.)

<h2 style="text-align:center">Note E. (*Voir page 70.*)</h2>

Il s'accomplit, dans l'ordre religieux, une évolution corres-
pondante à l'évolution politique, toutes deux liées au même
mouvement, dérivant de la Révolution. Par la substitution de la
souveraineté populaire au droit divin, de la réalité aux fictions,
toutes les spéculations de la conscience sont ramenées à la même
norme, éprouvées à la même coupelle, soumises au même cri-
térium. Notre époque est celle de l'examen et du contrôle de
toutes choses en LA JUSTICE, qui est l'unité positive, la vie, la raison,
la seule Loi. Les fictions dogmatiques de la conscience religieuse,
comparables, ou plutôt identiques aux fictions légales de la conscience politique, tombent donc sous la même compétence.
L'Idéal divin pris pour l'Idée, la croyance prise pour la Vérité,
subissent une transformation essentielle, une interprétation logique, en rapport avec le progrès des âmes et la transformation
radicale du droit. C'est nécessité d'y pourvoir, car *l'anarchie sub-
versive* à laquelle nous avons échappé par le coup-d'état refré-
nant les partis et renversant la loi fictive, cette anarchie nous
ressaisirait de plus belle avec les articles de foi et les théories
transcendantes. On peut dire plus : elle nous tient déjà secrète-
ment, elle nous enserre, nous obsède et le gouvernement la sent,
fait efforts pour la détourner, s'attache convulsivement à la
vaincre de peur de s'en voir étouffer. Les soins incessants qu'il
apporte à sa politique romaine, et ses errements embarrassés,
saccadés, persistants, sur cette suprême question, démontrent
surabondamment qu'elle est le cauchemar de l'Empire (1).

Comment faire pénétrer dans l'Eglise *l'autorité* du 2 Décembre ?
Cela revient à demander : Comment asseoir le nouvel ordre sur
d'inébranlables assises ? Dans les idées où l'on s'attarde on ne
trouve point de sanction, et l'on n'a rien fondé encore tant que
l'Eglise s'opposera, ou simplement différera. On perpétue la

---

(1) Je dois rappeler que tout cela était écrit en 1864. L'apparition de
l'Encyclique, depuis lors, et les débats qui l'ont suivie, quels commen-
taires justificatifs, quelles preuves à l'appui de ma thèse ! Il lui en sera
apporté successivement bien d'autres.

division par des tendances hétérogènes, et faute de comprendre les temps et la nécessité du règne, on s'éloigne de l'origine juridique, sans se rapprocher du but dynastique ; on compromet son droit réel, sans obtenir de légitimité convenue. L'Empire et l'Eglise ne sont plus de même nature, en fait. L'Empereur et le Pape sont inconciliables, en droit.

L'Empire, c'est l'Autorité, le Temporel du Monde nouveau, dont le Spirituel est dans le Peuple, dans la conscience affranchie, la Raison du Droit proclamée. Ce Spirituel là se cherche encore et n'est pas malheureusement dégagé, passé en exercice public, établi en culte d'Etat, pour fonctionner dans l'harmonie en ramenant le Temporel à lui, et pour inaugurer enfin par *le gouvernement an-archique* (1), l'universelle célébration du Droit, la religion

---

(1) Bien des gens honnêtes et sérieux, indépendamment de leur cocarde, d'eux-mêmes vous disent que le souverain ne doit régner que pour la Justice, ne gouverner que selon le Droit ; que c'est là le devoir royal, la loi de la souveraineté. Ce principe trop souvent faussé, oublié dans l'application, a toujours été proclamé, admis, soutenu par les penseurs, les législateurs et les politiques conscients. Depuis l'origine des Etats, à travers les siècles, il a toujours été au moins impliqué, sous-entendu. Il n'en peut pas être autrement, car dès que les hommes se rassemblent, ils forment entre eux un lien moral, religion qui s'impose à tous et que l'acte de force lui-même engendre. C'est ce principe que les rois invoquaient, disant ne tenir leur pouvoir que de Dieu ; protestant ainsi contre l'arbitraire, les factions, les prétentions usurpatrices, les oligarchies, la monarchie même, et reconnaissant *leur condition*, faisant acte de fidélité et d'hommage. Il se juraient par là au peuple et se dépouillaient comme d'eux-mêmes en entrant dans la royauté, j'allais dire le sacerdoce. C'est pourquoi ils étaient sacrés. Car enfin Dieu n'est pas le *bon plaisir !* et cette idée impose certes les plus hautes obligations de conscience.

Or si, sous le droit divin déjà, il en était ainsi, que le Roi fût soumis à cette loi et ne pût être légitimé que par elle, de gouverner pour la Justice, à plus forte raison en sera-t-il de même aujourd'hui, sous le régime du droit réel et la souveraineté de l'Opinion. Donc, c'est la Justice seulement qui, au fond, a titre sacré de règne et de gouvernement. Le Prince usurperait et ne serait plus qu'un fléau pour les consciences et les mœurs, un profanateur, un maudit, voué à l'exécration de tous dans sa personne et dans sa race, digne des derniers châtiments, qui inévitablement le frapperaient, s'il prétendait s'affranchir de la Justice, avoir la souveraineté intrinsèque, irresponsable, et dire comme Louis XIV : *L'Etat c'est moi !* ce mot gros de la Révolution. Pour ne le pas dire, pour le croire seulement un peu et agir dans cette illusion, l'histoire toujours le montre encore puni. Il doit être le premier soumis à l'autorité qu'il invoque, prêchant l'exemple en l'imposant. Il est le pontife de la loi (roi veut dire aussi prêtre ou pontife) et partant il n'en peut être le Dieu. Le fût-il même, la Loi de son être serait plus haute et l'obligerait encore à elle. Il faut Dieu *juste*.

On voit, de cela seulement, qu'*en raison* il n'y a point de maître

de la Justice. Cela sera l'accomplissement! C'est le problème de la liberté identique à l'autorité, en pratique comme en théorie, formant une vivante synthèse sociale, dans la gloire de l'Hu-

---

de LA LOI (qui est Justice), et que le peuple, vivant sous la Loi (même d'après la fiction ancienne) ne pouvait avoir d'autre souverain qu'elle. Dire le contraire serait blasphémer, si d'ailleurs ce n'était absurde. Il n'y a pas de Dieu contre Dieu ; il n'y a pas de droit contre le Droit ; il n'y a pas de volonté contre la Justice et pas de législateur contre la Loi.

Voilà la cause et le vrai motif de la condamnation historique de toutes les monarchies croulées : elles ont été répudiées, elles ont été exécutées, uniquement comme usurpatrices...

En d'autres termes, on voit de là que le droit procède du peuple qui seul est la matière et l'esprit de la vie. On voit que le peuple est le sujet-objet de la Justice ou le dieu du droit; qu'il est à lui seul tout l'État, dont le gouvernement n'est et ne peut être que le vicaire ou le desservant.

Voilà la moralité de L'AN-ARCHIE.

En voici la nécessité :

Un peuple, *en réalité*, n'est pas, ne peut pas être commandé, gouverné, régi. Il vit de sa vie propre, se règle, se conduit, se développe, forme ses travaux et ses mœurs, sans que le gouvernement, *de sa nature*, crée rien et puisse rien empêcher.

Le gouvernement n'est lui-même qu'une fraction spéciale du peuple, qui ne peut aider ou entraver l'action générale de ce peuple, que par des ressources, des forces tirées de lui; et qui est sans autorité ni puissance *sui generis*, prévaricateur et félon, bientôt puni, s'il oppose le peuple au peuple, au lieu de l'unir, de le servir et de le glorifier. C'est le peuple, ignorant ou conscient, qui se sert ou bien qui se nuit par le gouvernement qu'il emploie. Le pouvoir n'est rien qu'un agent, plus ou moins fidèle et plus ou moins bien inspiré, de l'erreur comme de la vertu publiques.

Grâce au mirage absolutiste les prétentions des rois furent autres. Dans leur fiction ils étaient tout! Mais les prétentions ne sont rien: en effet le peuple reste tout. C'est lui qui vit et qui progresse, tandis que les rois passent et meurent et que leurs dynasties périssent.

Ainsi, ce n'est point grande nouveauté que de reproduire cette doctrine et de montrer ces vérités. Tout le neuf est de bien prouver que ce qui fut toujours admis comme vrai dans la symbolique, l'est *a fortiori* dans la réalité. Mais ce sont les temps qui le prouvent et il est nécessaire de les comprendre.

D'où vient que nos gens honnêtes, sérieux, s'horripilent devant un mot qui nomme dans la politique les croyances qu'ils professent moralement? Que n'a-t-on pas rugi, vomi, contre l'illustre philosophe Proudhon, l'explorateur du nouveau droit, le grand précepteur en Justice, pour ses admirables théories, entr'autres celle de *l'an-archie*? Pauvre Colomb chargé d'entraves! Une valetaille niaise et lâche, favorisée de l'insolence, étouffe sa voix, conspue son nom, et va faisant d'autant plus de mauvais bruit qu'on impose à lui le silence. La postérité l'en ven-

manité, la splendeur, l'unité radieuse de l'immortelle Révolution.

Ce problème n'est pas résolu, car s'il l'était, tout le serait. Donc

---

gera, et le malheur des temps prochains... que sa belle âme voudrait conjurer, que son fort esprit, peut-être lui seul, pourrait détourner ou réduire.

L'an-archie n'apparaît comme un mal que sous l'empire du mal lui-même. Le plus redoutable an-archiste, et qu'on persécute le plus, c'est en ce cas l'esprit du Juste. Tels : Jésus-Christ devant son temps, Galilée devant son époque, le génie insoumis de l'homme, la force invincible de l'amour, devant l'ignorance des siècles et l'oppression quelle qu'elle soit. Les grands chercheurs et les grands Saints sont des martyrs de l'an-archie, c'est-à-dire de la religion, car tous ils tendent aux sphères célestes et ils renversent des faux dieux.

Mais faites que la Vérité trône, et l'an-archie en est la garde; l'anarchie lui maintient la couronne. Elle est le Messie dans le monde, le royaume de Dieu sur la terre. L'Évangile et sa longue et sublime prédication furent d'héroïques actes d'an-archie. Sans l'an-archie le monde périrait, ou plutôt il n'existerait pas...

Bien qu'on en ait, le peuple étant le souverain, l'an-archie est la nécessité de l'ordre, la raison d'état, le salut public. Autrement dit, c'est le droit seul qui désormais régnera, la Justice qui gouvernera. Nulle stabilité sans cela !

Que sera *le gouvernement?* demandent les gens qui se paient de mots. Le gouvernement sera le Culte, l'État civil, l'édilité, la diplomatie épurée, la politique sanctifiée, la fonction publique en tout ordre; *le Roi* comme cet Archonte d'Athènes présidant aux fêtes civiques, aux cérémonies religieuses, rapportant à l'aréopage toutes les causes d'intérêt suprême; le *pontife* revêtu du saint ministère, ayant juridiction, autorité, à condition d'être fidèle aux devoirs du saint ministère, de garder en lui le saint des saints. Il sera le grand Pontife, le grand Prêtre, le grand Élu, le Magistrat, l'Académique et l'Inspiré; le Pape, pasteur universel avec le caractère civil, politique et spirituel, chargé de la police générale, du maintien de l'ordre, de toute l'administration, du soin des mœurs, de la conservation de l'Idée, de l'adoration de l'Idéal, de la promotion incessante des âmes; le premier serviteur de l'État, le Dévoué, le Consacré, l'Initié, l'Initiateur, le Puissant et le Glorieux : enfin la merveilleuse floraison de tous, qui prépare à chacun son fruit.

Le gouvernement, dans le droit réel, est le sujet de tout le temporel; il a donc précisément pour objet tout le spirituel, auquel sa destination le voue. L'autorité est comme le champ où germe la liberté même en ses infinies variétés, moissons de Justice toujours nouvelles; et le pouvoir n'est que la ferme de ce domaine pour cette culture.

Les distinctions si bien tranchées des diverses catégories de pouvoir sous l'ancien ordre, faussent le sens et l'unité. Elles sont la distinction fatale, ressource de l'état de guerre, source de querelles et de combats. Ces sortes de haies ou de fossés placés en guise de garantie contre l'arbitraire envahissant, les prétentions désordonnées et l'absolutisme pénétrant, n'ont plus ici nulle raison d'être, deviennent nuisibles,

la nouvelle autorité est privée de ce spirituel comme elle est privée de l'ancien, et sa tâche est précisément de l'aider à se reconnaître, se pratiquer et s'accomplir.

---

mauvaises. Les municipalités, par exemple, ne se séparent plus de l'Etat, et, tout en restant elles-mêmes, elles prennent une vie plus haute en lui et des développements essentiels qui les renforcent et anoblissent. Les communes constituées pour être autrefois des remparts seraient maintenant, telles quelles, des obstacles. Restes des fictions abrogées, leurs *priviléges* seraient un non-sens, la pierre d'achoppement du progrès. Elles se transforment, comme tout le reste, chaotiquement, mais par la transfusion du vrai droit. C'est pour cela qu'on souffre si bien, malgré tant d'habitudes et tant de préjugés contraires, la transmutation commencée de ces anciennes tyrannies locales. Et c'est à tort qu'on y verrait une absorption dans l'Empire, un empiétement du despotisme ; à tort que le gouvernement lui-même croirait y trouver expédient. C'est une infiltration du droit qui s'élève et cherche sourdement à prendre partout un niveau supérieur. La question de l'abolition des octrois, qui devient de plus en plus actuelle tous les jours, est un symptôme de même nature. Ainsi souvent nous trompe notre œuvre ! Ainsi tout gouvernement inconscient subit la nécessité qu'il ignore, sert la *Loi* qu'il ne connaît point, et, par les calculs ambitieux d'une politique toujours déçue, prépare ce qui doit être bientôt nécessaire à l'action publique, aux besoins de la Nation, au triomphe des destinées. La collaboration secrète de la raison des choses prime. Absorber, ou plutôt résoudre les vieilles municipalités, c'est au mieux. Mais qu'on ne pense point en tirer des facultés de despotisme. Loin de là. C'est un fait important d'anarchie. Soyez l'agent du vrai droit, droit de tous, et comme tel vivez partout, résolvez tout, combinez tout: si vous ne l'êtes point, tout vous nuira ; vous périrez.

L'an-archie se laisse maudire et entre subtilement dans les faits pour gagner de là les consciences. Elle a pénétré déjà de son sens de nécessité, jusqu'à notre justice, qui était le moral même de l'ancienne loi, et qui s'est soumise au coup-d'état renversant la souveraineté de cette loi, et vient de condamner itérativement les *treize* (1) commettant cet anachronisme de se poser en coryphées de la liberté légale devant la loi morte ; invoquant l'idole renversée, au nom de la fiction détruite, éclipsée. Ces actes ne se justifieraient pas par les préceptes de l'ancienne loi, ils en seraient la dépravation (si l'on ne comptait qu'avec elle,) à la honte de notre pays, dont on vante la magistrature ! Mais ils dérivent du nouveau droit et prennent moralité en lui, qui se soumet la liberté, s'assujettit la loi écrite. Ils laissent la conscience sans alarme, bien qu'ils rendent nos esprits perplexes de voir cette différence sensible entre le juste nécessaire et le légal encore conservé. On pourra fort souvent prononcer des arrêts qui seront au fond justes et qui seront pourtant illégaux, aussi bien que des arrêts légaux qui cependant seront injustes. Ce qui sera donc condamnable ce sera la loi, ce sera l'injuste. Hé ! la loi

---

(1) *Les treize*, condamnés pour réunion illégale en vertu d'une loi qui autorisait les réunions de vingt-cinq !. . Pourquoi donc n'aurait-elle pas plutôt le droit plutôt que la loi ? N'étaient-ils pas après le 2 Décembre ? Ils étaient des réactionnaires, et la magistrature avait fait sa révolution...

Mais, comme le monde ne peut tenir sans un lien moral respecté de tous, sans Spirituel reconnu, en attendant que le nouveau le soit, l'Eglise détient seule aujourd'hui l'ancien Spirituel

---

n'est-elle pas cent fois condamnée par les Révolutions comme par les coups-d'état, et par le sentiment général et la conscience universelle? Comment ose-t-on parler encore au nom de la loi, cette voix du passé, étrangère et blasphématrice dans le présent! Au nom de la loi, la force vous tient.... *Au nom du roi !* la loi l'a tué. *Au nom de la loi !* le droit la tuera.

Jésus, le révolutionnaire, le sauveur, le crucifié, fut condamné très-légalement ; mais ses juges ont été exécrés parce que la loi qu'ils appliquaient était une violation de la Justice dans la personne de ce Juste. Les magistrats doivent surtout avoir conscience plutôt que mémoire, et dire le droit plutôt que la loi. Et voilà de la plus pure an-archie.

Il ne faut pas que l'on s'y trompe : un gouvernement est toujours le produit d'une situation, il n'en est jamais le vrai facteur. Il ne force point, il est forcé. Les institutions sont des règles, qui deviennent à la longue mauvaises, non pas des sources de création dont la vitalité des mœurs découle, sans cesse rajeunie, progressive. Il faut voir justement à l'inverse. Les formes de gouvernement ont des vertus de discipline plus ou moins convenables et parfaites, non des puissances génératrices. Et le progrès ne s'accomplit donc que par la spontanéité des peuples, qui est facilitée par de bonnes règles, contrariée par de mauvaises, mais qui s'exerce et suit son œuvre quand-même, sans les premières et malgré les autres. Le gouvernement en son personnel aussi fait partie intégrante du peuple, et le souci de sa conservation, sa passion d'autorité, le soin inquiet de sa propre domination ou de sa liberté d'exercice, le rendent fatalement complice des nécessités de son temps. Il ne peut vivre que de la Vie, ne peut tirer autorité que de ce qui est et prendre liberté qu'en ce qui peut être. Il dépend, au fond, de tout, comme tous : il ne crée ni n'anéantit. Sa liberté ne provient donc que de l'exigence des choses, ainsi que son autorité ne résulte que de la conséquence des mêmes choses. Ses efforts se résolvent, en somme, négatifs, positifs tour à tour, à sortir du peuple et de lui-même les éléments et les formules du sort qui doit être accompli. Il élimine et il compose, mais soit qu'il rassemble ou sépare, et quoi qu'il tente, bien ou mal, il fait un mouvement dans l'être, et le mouvement c'est le *fiat lux !* C'est la création qui s'ordonne par l'action et par la réaction (qu'il conviendrait mieux d'appeler *co-action ;*) ce sont les puissances qui se gênèrent, les parties qui naissent, se reconnaissent, se réorganisent plus harmoniquement, se diversifient, se groupent, se sérient *progressivement*, car rien ne recule dans l'espèce, ne déchoit, ne revient à des termes inférieurs : ce qui est créé, est acquis, et ce qui est acquis fertilise son innéité plus parfaite; tout nouvel élément vaut mieux, entre en rapport supérieur, en combinaison nouvelle plus pure, et l'existence n'a point de Satan qui puisse prévaloir sur LA LOI, et déranger, fût-ce dans l'atôme, la logique des progressions ou la tendance universelle. Sauf son bonheur ou son malheur, par son concours juste ou injuste, l'homme ne peut rien sur le Destin. Il ne fournit que des motifs, des variations de tons et de formes, n'engendre que des modalités, pour son plaisir ou pour sa peine. Il peut produire des effets, comme des vibrations concordantes ou discor-

établi. Et pour cela, elle est le nœud, insuffisant et relâché, mais impossible encore à dénouer et préservateur en l'état.

L'Eglise possède le Spirituel mystique, fictif, par lequel le Monde a cru vivre jusqu'ici, et qui, avec le Temporel réel qu'elle avait (lequel n'était pas son domaine restreint, nécessaire (1), mais *son*

---

dantes dans le concert, mais non pas d'effectifs changements de Nature et d'inspiration. Il n'est qu'une cause occasionnelle, sous sa lourde responsabilité, d'ordre ou de désordre dans la conduite, sans action sur la projection ; il ne peut rien sur le génie, l'essence, le but, la cause finale. Tout ce que nous sommes et faisons est impression et expression, correcte ou non, juste ou fausse, de LA LOI qui reste inflexible, à l'épreuve de tous nos actes. Qui croit la violer la confirme, qui croit l'entraver la stimule ; toute infraction la corrobore, l'erreur et le mal mêmes la sanctionnent en leurs résultats fatidiques. L'unique mérite des princes comme des sujets est de la comprendre et de l'observer pour leur repos, leur bonheur et leur gloire ; leur seul crime est de la méconnaître et de l'enfreindre, pour leur tourment, leur ruine et leur honte.

Or, l'an-archie, c'est le règne de la Loi vivante, sous un gouvernement quelconque, mais juste. L'an-archie est tout simplement la pratique de la Justice. Elle est la rotation et la gravitation nécessaires, assurant la stabilité du Monde et la condition respective, solidaire, de tous les êtres en l'univers. Ciel planétaire, type sublime ! admirable an-archie ! Elle préserve les forts du conflit et les faibles de l'absorption. Elle est ainsi l'observation vivante, active, sainte, féconde, de la loi d'équilibre et de vie ; l'acte de foi, d'espérance et de charité positives, le Chœur d'harmonie, la Raison dans la Conscience appliquée, la Souveraineté inviolable, le Droit réel, le juste et le bon, l'ordre, l'unité : Dieu en fonction. Elle est dans la Société politique l'image d'en haut, l'ensevelissement des partis, titans rebelles écrasés ; le régime d'union, de Vérité, l'œuvre éternelle de la Victoire. Et voilà le port pour la patrie, le refuge et le salut pour l'empire...

Méconnaissez donc l'an-archie, vous soufflez le feu des discordes, perpétuez les conflagrations. Toute l'histoire est œuvre d'an-archie... contrariée. Les régimes d'initiation qu'elle classe sous d'autres noms ne sont que des essais de l'ignorance, une recherche obscure mais instinctive de l'an-archie par les hypothèses opposées. Aussi tous ces régimes tombent ; les peuples en sont tourmentés, et bientôt ne les tolèrent plus, parce qu'ils étouffent l'an-archie. Il faut que celle-ci prévale et inspire tout de son esprit ; tout règne doit s'y soumettre, afin de n'en être pas détruit.

(1) Son *domaine restreint* (Rome) est à la fois son Spirituel et son Temporel unis, sa seule unité positive, mais faussée par le dogme. Le Catholicisme n'est réellement accompli que dans Rome. Ce domaine restreint est le type de l'Unité réelle dans l'Humanité, pour laquelle en effet le Spirituel et le Temporel sont identiques et adéquats en la Justice. Il n'y a qu'à faire disparaître la fiction, à se purger enfin de la foi. Mais tant que l'Eglise de la foi sera utile, le domaine restreint durera. Tant que l'Empire ou la Monarchie sera, l'Eglise sera. Elles vivent ensemble, ensemble mourront : Jumelles Siamoises !...

universelle autorité), constituait l'absolutisme catholique florissant dans le Moyen-Age par la foi, inspirateur des théories et des doctrines ultramontaines, et cause des guerres, des conflits, des embarras et des angoisses dont la longue chaîne ne se terminera que par le siècle où nous vivons. L'autorité de l'Eglise (le Temporel) combattue par la royauté (qui était le vrai Spirituel dans l'ancien ordre, avec des prétentions également absolutistes); l'autorité de Rome, contestée par la Réforme, ébréchée par la Philosophie, est définitivement morte en soi depuis la grande Révolution française. Elle n'a plus que des effets temporels tirés de la Révolution même ; elle n'est plus qu'un agent de la Révolution, qui l'a inféodée à son œuvre, contradictoirement, malgré qu'elle en eût.

L'Eglise primitive, née du Christ, avait été réellement le Spirituel, la militante liberté, devant la société païenne, et avant son triomphe sur les âmes. Quand elle eut dépouillé le *vieil homme* dans l'humanité comme en elle, et pris assise sur la terre en formant l'Eglise des fidèles, en face de César baptisé ou de l'Empire fait chrétien, l'Eglise devint l'autorité, c'est-à-dire le Temporel. Elle prit le siége même de l'Empire et le règne du temps ! Malgré son usurpation téméraire de l'absolutisme doctrinal, les prétentions ultramondaines qui en découlent, et même malgré l'apparente soumission soit-disant orthodoxe d'un certain nombre de Césars ou de rois imbéciles ; dans l'esprit fidèlement chrétien comme dans la vie pratique des nations, devant les peuples et leurs royautés, devant l'humanité enfin, selon la vraie philosophie de l'histoire, l'Eglise ne fut plus jamais que cela, *le temporel, l'autorité*, jusqu'à la Révolution française, je le répète. La Révolution française lui ravit, pour la mettre au mode d'un esprit nouveau, cette autorité ou ce temporel passé aujourd'hui dans l'Empire avec la souveraineté du peuple, plus forte que le droit divin. L'Eglise n'a donc plus conservé que sa vieille fiction d'absolutisme et ses prétentions spirituelles.

Mais, bien que ce prétendu Spirituel en soi ne charme plus guère les consciences et n'intéresse plus les esprits, il a une puissance contradictoire de conservation et de progrès qui le revêt encore d'un prestige effectif, lui donne une portée réelle, un sens positif, révolutionnaire, en face des aberrations naturelles du nouvel ordre encore inconscient, illogique, lui-même encore contradictoire, tendant aussi à l'absolutisme ! La rivalité de l'Eglise le contient ; son opposition le préserve et le règle. Son Spirituel est l'ombre de la liberté, mais il en est comme la silhouette, l'indication nécessaire, le plan, comme le projet et la promesse, et, à défaut de la liberté vraie, du Spirituel de la Révolution à peine naissant, et menacé, il est un refuge, une défense, un fort contre l'inquiétude, un abri pour l'enfant contre Hérode, en même temps qu'un champ d'exercice salutaire et de repos réconfortant pour toutes les âmes effrayées de l'envahissement des passions folles, pour tous les esprits affamés d'idéal et de religion, qui ignorent l'idéal nouveau, la religion vivante du droit, les ravissements de la Justice.

L'Eglise n'est donc redevenue le Spirituel, à son déclin, que pour être la liberté devant l'Empire, et comme la loi était le droit auparavant dans une fiction conservatoire du progrès, par opposition de terme et de puissance vis-à-vis de l'arbitraire ou de la force. Elle n'est ainsi qu'une Régence au nom de la Révolution, en attendant que celle-ci grandie, mûrie, déclare sa majorité, se prouve capable, dégage et fonde son Spirituel propre, comme elle a déjà dégagé, fondé le temporel nouveau, l'autorité du peuple dans le suffrage universel. L'Empereur et le Pape, l'un par l'autre, nécessitent leur commune conversion dans le Droit. Et que l'on ne craigne point de voir l'Empire ou la Papauté absorber son rival en soi! L'Empire n'engloberait l'Eglise dans l'Etat qu'au profit de la Révolution, ou bien l'Eglise ruinerait l'Empire sans pouvoir absorber l'Etat.

Cette position singulière qui confère à la Papauté un caractère si peu conforme au sien propre, à sa politique, à ses espérances, impose des ménagements forcés à l'adversaire qui la combat, et lui commande à elle-même des ménagements réciproques. Tous deux craignent la Révolution, la méconnaissant également. Voyant cependant que c'est elle qu'ils servent par leur lutte, ils se font trève par instants dans une frayeur contagieuse, essaient de se rallier, mais en vain, se prêtent faveur et s'encouragent, sans s'unir effectivement, contre cette même ennemie qu'ils se donnent et à laquelle toute tactique profite. Ils se demeurent hostiles fatalement parce qu'elle les veut divisés, maintiennent chacun son retranchement comme par force et résignation, et se réfugient, guerroyant à contre-cœur et contre-sens, dans leurs camps aux feux opposés, dont les foudres s'attaquent et se ripostent comme d'elles-mêmes, d'où la guerre ne peut frapper qu'eux et par ses effets ne servir qu'Elle.

Ainsi, les pratiques du vieux culte se trouvent suivies, encouragées, soutenues; le denier de Saint-Pierre soldé, la liste civile au clergé alimentée, la religion défendue, nourrie. Ainsi, d'autre part, avec la sincérité de la peur, la naïve ou l'amère franchise du besoin, on chante solennellement le *Domine salvum fac Imperatorem*; et, annonce-t-on, « le Pape insiste pour que le clergé ne cause *pas trop* d'embarras à l'Empereur, S. M. I. étant la clé de voûte de la Société et la barrière la plus forte qui soit encore opposée *à la Révolution*! » (Extrait des feuilles officieuses, 21 décembre 1863.)

Donc, leur débat pendant toutefois, et devenant chaque jour plus grave, les deux Couronnes sont courtoises, excepté envers la Révolution ; mais ces ménagements mêmes de l'une pour l'autre les maintiennent toutes deux ses champions. Elles relèvent de la Révolution sans le voir et sans le savoir ; elles ne sont habiles que pour elle, n'ont d'armes que pour la protéger et pour lui ouvrir ses chemins ; et c'est pourquoi elles se combattent et se combattront constamment, et c'est pourquoi elles se ménagent et se ménageront bon gré malgré, tant que l'infaillible Révolution, Protée insidieux qui les hante, n'en ordonnera pas autrement. Voilà ce qu'est la force des choses.

On a vu avec étonnement un ancien ministre doctrinaire, une célébrité protestante, prendre dans ces conjonctures la défense civile de la Papauté. M. Guizot n'a eu que le tort de croire soutenir le Temporel en appuyant le Spirituel, de s'imaginer faire de l'autorité quand il faisait de la liberté. Mais son sentiment fut logique selon le doctrinarisme libéral. Grâce à l'évolution forcée de l'Église par suite des événements, celle-ci a repris provisoirement devant l'histoire sa signification fonctionnelle primitive, l'agence de la liberté. Le protestantisme conséquent, qui n'attaquait que l'absolutisme catholique ou les abus du Temporel, voulant en revenir simplement à la liberté chrétienne (au dualisme) et ne pas dépasser la préface de l'œuvre de la Raison humaine, peut aujourd'hui louer le rôle de Rome et avouer ses résistances, de même que tant d'incrédules d'ailleurs se rapprochent d'elle afin de faire nombre et lui donner le poids qu'il lui faut pour maintenir la balance des choses. La loi de cette nécessité ne s'impose point d'hier seulement à l'inconscience générale. La conservation de l'Église est tellement indispensable tant que la Révolution ne sera pas parfaite, parachevée en son concept et en ses mœurs, que cette question domine tout, que rien encore ne saurait être entrepris, combiné sans elle. Les premiers soins de l'ordre nouveau furent consacrés à l'Église, alors proscrite, presque abattue. Que dis-je? Pour préparer même l'Empire et accomplir le coup-d'état, on fut préalablement obligé de restaurer la Papauté, de l'entourer de nos soldats. La liberté, sans cette garante, eut rendu le reste impossible, par un désordre sans pareil et des oppositions indomptables.

Il fallait que le 2 Décembre se donnât, comme par provision, cette consécration tout d'abord, et cette limite, cet obstacle. Il lui fallait cette résistance, comme contre-poids ou point d'appui. Puisqu'il abolirait la loi et ne serait le droit qu'en perspective, il fallait bien, pour l'équilibre, qu'il confessât une antithèse et la dressât en force opposée, ou le Monde eût été confondu. Et comme, au nom du Droit réel, son prestige serait immense et sa puissance presque absolue, il fallait qu'il se balançât par une puissance pareille, qui ne pouvait être que l'Église.

Certes, ce n'était pas là son vœu. Qui ne se souvient de 49 et de l'expédition de Rome? Détournée complètement de son but

malgré les promesses jurées, les paroles d'honneur engagées
par les ministres de ce temps (M. de Girardin, dans la *Presse*,
rappelait ces faits, il y a peu de jours, en montrant les situations,
citant les discours et les textes,) verrait-on dans ce revirement et
cette duplicité d'action une trahison formidable, la plus monstrueuse qui jamais fût, un complot insigne, sans nom ? Les partis
vont vite aux extrêmes et ne se marchandent rien en fait de
crimes. Mais le gouvernement d'alors était un gouvernement
entravé, responsable devant le Parlement. On devrait donc en
accuser le Parlement et tout le pays ! L'opposition même de ce
temps, si elle eut eu le vrai sentiment d'une trahison si publique
d'un déshonneur si éclatant, n'aurait-elle pas levé aussitôt l'éten-
dard d'une telle révolte que le peuple entier l'eût suivie ? C'eut
été là mieux qu'un 13 juin. Mais non ; l'instinct sourd fit sentir
que tout le Monde était forcé. Chacun se voyait entraîné par le
quelque chose inconnu, *la Providence* magistrale. L'on ne récri-
mina que pour dire contre les pauvres ministres, mortifiés
plutôt que honteux de leurs paroles d'honneur faussées, sachant
bien que les autres à leur place auraient dû faire tout comme
eux. Au nom d'un prince-président qui se souvenait de ses
jeunes ardeurs, de ses campagnes personnelles contre l'autorité
papale, et d'un frère perdu dans cette cause, ils avaient voulu
réellement la liberté en Italie, une liberté sœur, favorable ; de
même que, dans la dernière grande guerre, le même intérêt politique voulait la Confédération et l'indépendance complète, sans
obtenir plus de succès. Dérisions diplomatiques et vanités parlementaires ! Eternelles duperies de l'ignorante force et de ses
victoires !

D'ailleurs, l'autorité papale, restaurée bon gré ou malgré, rebelle
à nos pressantes instances, réfractaire aux transactions, n'est pas,
pour elle-même, on peut le croire, sympathique précisément à
un pouvoir auquel elle serait, en tout état, contraire, et est contraire de principe. Ah ! ce n'est pas de gaîté de cœur et de libre
volonté certainement que l'on souffre, avec des sourires, le sem-
piternel et impatientant, l'humble et superbe *Non possumus ;* que
l'on voit le clergé Gallican envahi de l'ultramontanisme, et le sol
de 89 se repeupler de moines et de jésuites ; que sous un règne
d'usurpation et un régime Napoléonien, on laisse reprendre à la
France les traditions et habitudes de la Restauration (moins ses
énergies libérales,) plutôt que celles du premier empire ; et que
l'on tolère tout cela, en y aidant même obligeamment, malgré
l'état de nos mœurs, de nos esprits, de nos consciences et de
nos affaires, qui jure avec de telles capucinades.

Mais on ne fait pas ce qu'on veut ! Le pouvoir actuel, par
essence, est le plus dépendant des pouvoirs. Avec un absolutisme
de formes il est le plus lié quant au fond : il ne peut oser sans
qu'il s'engage. Nulle fiction ne couvre le prince, comme dans le

droit divin et le droit légal. Il ne peut être irresponsable, ne se peut décharger de rien sur autrui. Il s'offre tout entier aux prises des réalités redoutables, des implacables nécessités. Il a le laisser-faire dangereux de l'autocratie dans l'action, sans aucune garantie de la foi. Il se trouve au contraire placé devant les susceptibilités délicates et l'exigence rigoureuse de la confiance du vrai souverain, sous l'inflexible sévérité du droit et la pesante main de Justice. Il a été forcé d'inscrire lui-même sa responsabilité comme principe dans sa propre constitution, et ce qui lui donne l'aise politique lui crée l'embarras personnel et le péril toujours menaçant. De là ce balancement plus sensible qu'on ne le vît jamais en France, même sous le gouvernement dit de l'équilibre, qui était celui de l'oscillation. De là ces recherches d'assurance dans le compérage du culte et le commérage de la liberté. La responsabilité du prince le rend esclave juré de la Justice et sujet de la Révolution, ou jouet et complice des brigues mortelles de « ses amis les ennemis. » Est-ce qu'il a donc de vrais soutiens dans le clergé ou dans la noblesse, chez les libéraux ralliés ou les démocrates officiels, les absolutistes, les parlementaires, les assermentés, les industriels, les affairés et tous les autres, commensaux affamés ou adroits parasites qui le ruinent et le dévorent? Il ne compte que des individualités rapprochées de lui, d'autant plus distinctes, tranchées peut-être; que des égoïsmes courtisans mais intéressés, insatiables, de là hostiles. Il n'a pas de parti, de lien d'ensemble, de plan commun ; pas de dévouements à lui, de croyants en lui.

Le parti bonapartiste, frappé aussi le 2 Décembre, est mort depuis que l'Empire a reparu et qu'on l'a vu si différent, pacifique, de sa nature abâtardie, et sans liberté consolante. Pour les vieux il aurait dû être la gloire altérée de vengeance, frémissante au bruit du canon et embarrassée de ses conquêtes. Pour les jeunes il fallait qu'il fût la liberté tapageuse et cassante, rêvée, chantée et célébrée pendant trente ans sous le nom de Napoléon, à l'assaut des gouvernements d'ordre traditionnel. Cet amas de choses hétéroclites sur lesquelles il croit s'appuyer est donc réellement sans cohésion, depuis le Sénat jusqu'au peuple. Le flux des révolutions a détrempé les vieux fondements, et les anciens terres-pleins des rois sont devenus sables mouvants où s'enlisent tous les pouvoirs. Le nouveau n'aura de ferme base que dans la Révolution cimentée. Traditions, police, armée, grands travaux, projets merveilleux, fonctionnaires, grands dignitaires, grands corps, sociétés sans nombre, presse, théâtre, expositions et tout le reste, avec des orateurs comme M. Rouher et des journalistes à la grosse ; ni cela ni rien de plus fort ne pourra le soutenir vingt ans. La Révolution seulement lui peut assurer plusieurs siècles en l'attachant à son génie et le soudant au granit des temps.

Avec la responsabilité du prince, sa propre autorité le contraint ; elle le soumet à son objet, ou le livre en proie aux factions. Elle est ce qui toujours l'inquiète. Car une autorité qui prend source et se sent effectivement responsable, implique nécessairement une fin, et doit se retremper sans cesse dans sa source pour purger sa responsabilité, ou ne vit misérablement que de fausses forces empruntées. La souveraineté de droit divin, née de l'épaisse ignorance générale, avait, dès son commencement, sa fin marquée dans la fin de l'ignorance publique. La souveraineté de droit populaire a sa fin dans toutes les affirmations successives de ce droit populaire. La première était donc nécessairement irresponsable, et condamnée, pour rester telle, à entretenir l'ignorance ; la seconde est bien nécessairement responsable, et condamnée à être le droit, à le promulguer et l'enseigner, car elle ne s'y dérobera pas en le fuyant dans ce qu'il a atteint.

On le voit : partout, toujours, en tout, la logique est inéluctable. La nécessité met son scel à nos actions claires ou obscures et les tourne toutes à son but. Elle est plus habile, plus forte, que notre étroite politique, nos visées sourdes, nos vues aveugles, soutenues même de nos armées et de nos magistrats enrôlés. Nous n'avons de ressort qu'avec elle, nous ne sommes tout-puissant que par elle, en la moralisant en nous.

L'opposition assermentée, qui se prétend démocratique, ne paraît rien comprendre à tout cela. Elle rit de ces idées profondes, qu'elle appelle des idées creuses ; se croit plus entendue que le règne et mieux inspirée que les destins. Elle court allègrement les chances, ne jouant que son jeu, fait ses affaires, et pense que, quoiqu'il arrive, en tâchant toujours de bien s'y prendre, ce n'est pas elle qui sera dupe. Elle s'arrange fort bien du régime, composant avec les puissances, et braillant seulement des mots, des mots, des mots, sur les tendances des agents qui froissent des intérêts à elle, et qui ne lui paraissent pas à craindre, envers lesquels elle se sent même appuyée. Le peuple ainsi peut la croire héroïque et du même coup doit croire aussi que l'Empire se trouve malignement empêché, trompé, trahi : qu'il voudrait être, qu'il sera libéral, et qu'il n'y a encore qu'à attendre. Il le sera peut-être, par résignation forcée ; mais on verra !... De la sorte, l'opposition aussi cumule ; elle soigne la chèvre et cultive le chou ; use, vis-à-vis le populaire, des avantages d'une opposition qui parle seule et semble oser, et vis-à-vis même de l'Empire, de ceux d'une adhésion qui paraît être utile à celui-ci, et le servir. Mais au lieu de le soutenir dans sa cause et de le pousser à sa raison, cette opposition entretient ainsi dans l'empire l'agitation la plus nuisible, la plus mortelle confusion. Par ses revendications insensées, par sa conduite inconséquente, par son égoïsme sans frein et ses appétits insatiables, par son parasitisme, son hypocrisie, son mensonge, elle est le fléau qui l'accable, elle est le virus qui le ronge. Elle est la fièvre et le délire ; elle égare le Prince et le Peuple. C'est elle qui redemande aujourd'hui le système des ministres responsables ! Autant nier le 2 Décembre, avec la souveraineté populaire : car c'est affranchir le Monarque et reconsacrer la Monarchie, en la délivrant de l'élection et l'exonérant de ses charges. Tout ce qu'il y a de plus antidémocratique !... Et c'est elle qui, en même temps, dans sa presse privilégiée, épargne toujours avec soin la responsabilité véritable, logiquement enfin citée, constitutionnellement enfin traduite, et ne livre jamais de combats qu'à de simples agents intermédiaires, serviteurs obéissants, obligés, que ne garantit point contre elle leur irresponsabilité organique ?

On ne s'est pas encore expliqué comment, après tant de révolutions *libérales* (sauf le 18 brumaire et le 2 décembre, toutes furent telles) la France est d'emblée retombée sous l'autorité dite personnelle. On s'est contenté d'accuser le pays de contradiction, et de « désespérer des principes, » en se chaperonnant superbement de scepticisme. Il est commode de se coiffer ainsi : il eut mieux valu réfléchir. « La France est autoritaire, monarchique, » disent les républicains dédaigneux. « Rien à faire avec cette nation, si ce n'est de la mener rudement. » Beaucoup voudraient la dictature et pensent même à la Terreur.... En ce cas, qu'ils ne réclament point quand d'autres qu'eux se chargent de la besogne. Mais la France est pourtant aussi libérale : presque toutes ses révolutions, disons-nous, le prouvent, comme leurs suites prouvent le contraire. D'aucuns la disent démagogique, avec un égal fondement, dans des vues aussi incomplètes. Hé bien, qu'y a-t-il ? C'est que la France enfin est révolutionnaire, de nature, d'essence, malgré elle, voilà tout ; qu'il lui faut la Révolution et qu'elle la cherche par tous moyens. La liberté ne la lui donne point, parce que la France elle-même l'ignore. Alors elle somme l'autorité de la lui donner à tout prix. Jusqu'ici les événements seuls la lui ont donnée en effet, au milieu des ruines et du sang, et c'est la Révolution qu'on accuse des fautes de l'ignorance commune, des désastres qui nous en châtient !...

Mais, heureusement autoritaire comme heureusement aussi libérale, la France sait se résigner, quand il le faut, à l'enseignement de l'initiation et de la force, pour la conservation du moins du produit des événements. Son monarchisme veut toujours le respect et le sûr maintien de son libéralisme acquis, des libertés passées enfin dans ses idées et dans ses mœurs, incarnées dans la société ou assimilées au droit même. En cela, les choses prises dans l'ensemble, la France n'a jamais reculé. Au contraire, elle se promouvait, alors encore qu'elle faisait foin de ses prétendues libertés, doctrines inscrites dans les lois, pratiquées par les partis seuls ; mots trompeurs, vrais pièges pour elle, qui ne servent qu'aux favorisés comme engins de guerre et d'oppression.

Elle les laisse volontiers effacer ; et pour le reste, pour l'idéal, pour ce qu'elle veut encore, encore, tant qu'elle n'obtient pas la Justice, son monarchisme n'est que l'aveu de son impuissance et de son besoin, de son embarras et de son souci. Donc, l'inconsistance de son fait comme la fidélité de son instinct, ses abandons et ses retours d'un terme à l'autre, indiquent toujours même volonté, révèlent son exigence immuable, et impliquent la nécessité du développement et du progrès, comme de la discipline ou de la règle : l'obligation par force majeure de la satisfaire en temps moral ou de céder aux événements.

Cette Justice est fatidique et la force brutale impartiale, par émeutes ou par coups-d'état. L'autorité et la liberté ne se vainquent point ; elles se déplacent et se remplacent, s'entraînant, liées au même manége, tournant dans le cercle de Popilius, tourmentées de la marche des choses, piquées par le même aiguillon ; quand on ne sait pas les unir, les coupler pour aller ensemble, les concilier en raison.

Or, la constitution républicaine ne le sut pas mieux, on l'a vu, que toutes les constitutions essayées : lettres mortes ! La France a donc repris un prince, pour voir. Et ce prince, pris pour initiateur, devait nécessairement, après la République, avoir seul toute l'autorité officielle, comme seul il devait assumer toute la responsabilité désormais.

La République, l'autorité légale au nom de tous, la constitution la plus large, l'universel partage dans le peuple de la souveraineté spéculative, cette république étant reniée, comme abusive, insuffisante, illusoire, trompeuse, on retombait nécessairement dans l'empirisme, sous l'autorité personnelle d'un seul, puisque tous les systèmes de légalité, de pondération, se trouvaient ainsi épuisés en doctrine, usés, éliminés en pratique. Tous les membres du souverain réunis ne pouvant rien tirer de bon de la fiction, le souverain dut s'avouer incapable, après tant d'efforts contrariés, tant d'essais théoriques mal venus. Sans renoncer à sa couronne, sans pouvoir répudier son titre, sans pouvoir abdiquer sa nature, il dut se choisir un ministre, et il s'en rapporta au seul, qui, le pied sur la légalité abolie, se mit audacieusement aux prises avec la Réalité même, ne connaissant point, n'acceptant plus d'autre condition de son fait que le jugement de la Nation, puisque tout le reste était néant. Autorité personnelle, Responsabilité immédiate, positive (bien que sans formule), Unité du pouvoir au service, du moins au nom de l'Unité souveraine du droit, Initiation obligée du peuple dans la Loi vivante, Libération du Prince, Démocratisation du gouvernement et de l'Empire, Nécessité de la Justice, Réalité, Popularité effective, ce sont les caractères de nature et les titres originels du nouvel ordre officiel, qui ne peut nullement ressembler dans ses rapports et son mouvement, dans ses paroles ni dans ses actes, aux anciens gouvernements quels qu'ils soient, autoritaires ou libéraux. Il ne doit se modeler sur aucun ; il ne le ferait que pour se nuire. Il n'est tenu à rien d'écrit, mais il est contraint plus qu'aucun autre à Raison et à Vérité. Je le dirais de toutes façons, car de toutes façons cela est.

Son antipathie principale, que peu de ses amis mêmes comprennent, et qu'il montre, comme malgré lui, pour le régime constitutionnel, parlementaire, tient à l'instinct de sa position. Ce régime, qui le déchargerait, le lierait, serait une réaction, un vrai recul : il est tout bonnement impossible, et l'Empire n'en voudra jamais, à moins de perdre tout-à-fait le sens, de se suicider follement pour trouver l'irresponsabilité dans la mort, par peur de la responsabilité dans la vie. Sa propre Constitution est son mal (1)...

Nul roi régnant ne se peut prétendre plus légitime sur la terre que le prince issu du 2 Décembre. Aussi, malgré le froissement général, l'hostilité de toutes les croyances, le profond soulèvement des doctrines, la tempête déchaînée des idées, l'insurrection des théories, l'opposition des traditions (je dis même de celles du 18 Brumaire qui n'eut que le caractère sans philosophie de la gloire ;) malgré la protestation unanime de toutes les leçons des esprits contre son paradoxal attentat, qu'on n'avait voulu

---

(1) On se croit cependant aujourd'hui en pleine restauration parlementaire. Mais on n'est encore réellement qu'en pleine crise révolutionnaire, en une situation provisoire, maladive, prolongée par une obstinée tentative d'arrangement entre des termes incompatibles. Une constitution réformée, qui se maintient en exercice et que tout le monde lèse et viole ; un empereur qui n'est plus l'Empereur ; un Corps-Législatif qui renonce la loi, juré à un ordre de choses aboli et soutenant le contraire de ce qui l'a produit et qu'il avait juré (la Constitution étant essentiellement autre depuis les dernières élections) ; un ministère qui représente ce qui doit être, s'exprimant au nom de ce qui n'est plus et se mouvant avec les agents de ce qui était ; une opinion publique souveraine, non consultée en l'occasion, nécessitant tout ce qui se fait et sans faculté en œuvre pour le faire, suspendue en son mode d'action *sui generis* régulier : voilà notre situation politique ! Jamais rien de pareil en plein ordre, avec autant de liberté. Un interrègne de tous les règnes !

Le régime parlementaire proprement dit est-il compatible avec le suffrage universel ? Non plus que le régime absolutiste proprement dit. Mais on cherche une formule qui s'y rapporte de nouveau, pour la dernière phase de la transition nécessaire. Après avoir constitutionnalisé le suffrage universel lui-même au profit de l'autorité impériale, on va le constitutionnaliser encore au profit de la liberté électorale, c'est-à-dire des nouvelles influences prépondérantes. Mais ce sera enfin l'épuisement radical de tout ce qui n'est pas le droit pur.

Toutes les fictions ressuscitent et s'amendent selon la Réalité qu'elles courtisent ; la Réalité les absorbe, et elles ne ressuscitent plus.

(*Janvier* 1870.)

prévoir que pour en rire, que l'on réputait un rêve creux ; malgré la faiblesse intrinsèque d'un seul homme, qu'on n'aimait guère, qu'on disait fou, écervelé, et qui l'était ; que tous les *sages* jugeaient de si haut pour le don quichottisme de ses actes depuis ses aventures sans portée, et qui n'avait pour lui, quelque part, qu'un reste obscur de *chauvinisme* si peu secourable jusque là ; malgré le dénuement personnel, la misère historique renommée, de ce seul homme à rebours du *bon sens* consacré, de la prescience infaillible des Scribes et Docteurs de la Loi, et qui osait ainsi s'en prendre, sous leur dédain provocateur, à toutes leurs habiles politiques d'un coup, les menaçant toutes ensemble de son pied ; malgré tant d'ombre d'un côté, tant d'illuminations pompeuses de l'autre — quelle adhésion effarée, quelle soumission subite, quelle aspiration de vie spontanée, quel sentiment de délivrance, à l'aube de ce Prince des ténèbres émergeant de la nuit du Destin, et se levant éblouissant, Sauveur et Régénérateur ! On le crut l'enfant du Miracle, venu du Ciel ou de l'Enfer, sans foi pourtant à sa personne, sans fidélité à son sang, sans attachement à lui pour lui-même. Il était une transition, un jour ; on disait un pont, *une planche !...* (1)

Et quelle reconnaissance forcée aussi, quelle tolérance humiliée, de la part des Souverainetés de droit divin, des Dominations séculaires, régulières et méthodiques, malgré l'offense grave à leur titre, le coup mortel à elles porté par ce banni de la couronne et ce récidiviste de l'empire ; malgré l'exclusion de sa famille,

---

(1) Depuis, les mêmes *sages* ont parlé bien différemment du même individu. Il est devenu pour eux l'Oint du Seigneur, l'infaillible et l'universel Génie, l'Homme providentiel, et que sais-je ? Ils sont parvenus à le faire croire aux crédules en France presque autant qu'à lui.

Pour moi, Louis-Napoléon devenu Napoléon III a toujours été l'homme de Strasbourg et de Boulogne, sans plus ni moins de génie sur le trône que dans sa prétendance. Les circonstances seules ont changé. Aujourd'hui, il accepte un ministère responsable, ce qu'il avait toujours refusé de faire à aucun prix, avant le moment définitif du « c'est à prendre ou à laisser ; » et il ne paraît pas comprendre que la responsabilité effective de son ministère fait de sa propre responsabilité, jusqu'alors illusoire, une responsabilité atteinte, jugée et condamnée. La responsabilité des ministres les rend sujets de la Nation en les faisant souverains du pouvoir, et fait de l'Empereur leur sujet. Ne rend-on pas déjà le ministère seul responsable, même de ce qui se complote et s'accomplit pour le compromettre ? et cela ne veut-il pas lui dire : « Vous êtes le seul maître désormais au nom de la Nation souveraine, vous ne devez rien souffrir contre vous parce que c'est elle-même qui en souffre et que vous êtes responsable de tout envers elle » ? Lisez les feuilles des deux extrêmes, et concluez de leur langage.

Celles des vieux préfets conservés (Le *Loiret*, par exemple, ici) cher-

solidairement prononcée, garantie entre toutes les familles régnantes, ainsi que la proscription conjurée des principes nouveaux invoqués comme ses seuls générateurs !

Tout puissant par la Révolution, rien sans elle. Il le devine vaguement lui-même ; il s'inquiète de l'avenir, et sans cesse pour sa dynastie, ne lui sentant point cette vitalité propre que la foi des peuples anciennement conférait aux rois. Ses flatteurs le devinent comme lui, soigneux d'insister, pour lui plaire, sur le cri de : «Vive le prince impérial! » et tous les citoyens le sentent, les plus attachés d'intérêt présent à l'Empire le voyant fort sans y rien comprendre, et ne voyant point de garantie de durée dans ses moyens d'exception. Tout le monde le sent, n'y voit goutte, parce que chacun a quelque instinct du vrai en soi, mais que personne ne cherche encore le vrai dans l'inviolable Loi des choses, et ne le trouve point dans les idées fatales d'une logique contradictoire, sans génie.

Ainsi, sans volonté réfléchie, contre toutes dispositions ordonnées, à l'encontre de toutes prévisions générales, jamais unanimité plus réelle, jamais plus sûr accord du peuple, et de l'Europe coalisée, au service d'un pouvoir français. Mais comme le peuple ne voyait pas, en y obéissant à l'aveugle, au fond de ce qui s'accomplissait la Loi même évoluant logiquement, non plus le prince ne la vit pas. Il crut à je ne sais quoi d'équivoque, de chanceux, de prédestiné, de *providentiel*; il pensa plutôt être, hélas ! favorisé de quelque bénédiction transcendantale, qu'obligé au vœu populaire par la force des événements. Il fit un mélange impossible de *Volonté du peuple* et de *Grâce de Dieu*, oubliant le dicton de la pratique sagesse : *Vox populi, vox Dei;* rompant l'unité, opposant une fois de plus, malheureusement

---

chent encore à donner le change aux simples d'esprit. « C'est l'Empereur qui *veut* tout cela? disent-elles. Tout cela prouve sa *sincérité*, son *dévouement*, etc. » Ce sont ces feuilles qui s'abusent, notamment à propos de ce 24 février nouveau, journée qui vaudra dans l'histoire autant que celle de 1848.

Car, à en croire les maladroits amis, l'Arcadie aurait donc alors trahi l'Empire? C'est donc elle qui ferait dans la Chambre l'opposition au « pouvoir personnel, » à la volonté impériale se réglant contre elle-même sur la volonté nationale ? Ou bien l'Empereur voudrait donc à la fois le pour et le contre? Il voudrait donc tout ce que l'on voudrait ? Son génie ne serait que celui d'un toton !...

Ce n'était pas son caractère quand il croyait la France à lui. On penserait relire maintenant les fameuses proclamations de ce prince disant qu'il était tout à tous, aux ouvriers, aux soldats, aux bourgeois, aux paysans, et à son oncle, quand il n'avait personne à lui. La fin justifiait ces moyens ; et ces moyens justifient la fin....

(26 *février* 1870.)

pour son œuvre, la fiction qu'il avait pourtant repoussée, à la réalité pure qu'il représentait et inaugurait.

Ah ! que l'erreur d'ailleurs est subtile et se glisse aisément dans notre esprit, dressé par notre éducation au culte de l'absolutisme, par là livré à l'hydre des contradictions renaissantes ! Le fond réel, la forme adéquate, le génie et l'événement, la prophétie et l'échéance, tout cet ensemble saisissant, cette identité synthétique des termes de l'esprit dans les choses, de l'autorité et de la liberté dans le Droit, de l'idée et du fait dans l'histoire, de la conservation et du progrès dans le mouvement; cette Unité de la Loi vivante en tout, ou cette conformité logique de la marche des destinées, de la Vie, avec le vœu de la Conscience et le principe de Raison : LA JUSTICE ! cela n'a pas encore été assez clairement découvert.

La gloire, Sire, ou la liberté! disait lui-même encore notre bien-aimé, notre à jamais regretté maître P. J. Proudhon. Il faisait la partie deux fois trop belle à l'arbitraire. Il n'y a pas de choix à faire pour régner. Ni la gloire, ni la liberté! L'une et l'autre sont insuffisantes ; l'une ni l'autre n'est plus possible ; toutes deux sont sans virtualité. Le Droit, Sire, ou la Déchéance ! La Révolution ou la mort. Justice *avec* ou Justice *contre*. Voilà le vrai dilemme de la Loi : le terme de l'être, le terme du non-être, sans composition, moyen terme, ni exception (1).

---

(1) LA RÉVOLUTION ! Le sens de ce grand mot a été singulièrement faussé en ce qui concerne son application aux choses de la Vie politique et sociale. L'idée de bouleversement, de désordre, de ruine et de sang s'y attache, en semble inséparable, et l'on n'y voit plus qu'elle ; ce qui fait détester la Révolution, dont le nom seul est un épouvantail, objet d'horreur et de terreur. Cependant, les catastrophes, les excès, ne sont pas les fruits de la Révolution, mais ceux de la fatale inconscience qui nous la fait au contraire méconnaître : il sont la conséquence de notre erreur et de nos fautes.

On comprend très-bien ce que c'est que la Révolution Sidérale et la Révolution de la Terre. C'est le mouvement même de leur existence, leur gravitation nécessaire. Que la Terre, par exemple, s'arrête: on ne peut pas comprendre cela. Qu'elle sorte de son orbite, rupture de l'ordre général; elle entre aussitôt en conflit: lutte, désastre, conflagration, destruction; elle se brise dans des collisions insensées. Il est absurde de concevoir qu'elle suspende sa Révolution; il est terrifiant de songer qu'elle s'en pourrait écarter dans un moment d'aberration pour suivre de nouvean le plan irrégulier des folles comètes à la recherche de leur Ciel fixe, de leur sort, de leur état planétaire.

De même, dans l'Humanité, la Révolution est continuelle, permanente, nécessaire : signe, condition et règle de la Vie, nécessité essentielle de l'ordre. *Les crises* ne sont pas plus la Révolution que la maladie n'est l'état normal des êtres. Ce sont des perturbations qui indiquent au contraire que la Révolution est contrariée, empêchée, faussée, et qui exi-

Pourquoi la justice (Thémis) a-t-elle une balance dans la main?
Pour peser tout au même poids, pour tenir tout en équilibre. Pourquoi est-elle armée du glaive? Pour punir qui s'oppose à elle. Et pourquoi le bandeau sur ses yeux? Pour ne reconnaître personne, pour ne rien distinguer en dehors, pour ne juger qu'en conscience, pour n'avoir d'autre idée qu'elle-même, pour marcher devant elle sans séduction et sans souci, pour ne point voir, ne point entendre rien de ce qui pourrait l'émouvoir, la charmer ou bien l'ébranler, et être vis-à-vis des hommes, au service de l'Humanité, inflexible, *sans humanité*. Ce mythe profond est admirable comme tous les symboles naïfs dans lesquels brille le pur reflet du génie infini des mondes.

Il faut bien cette incorruptible, cette infaillible sanction. Il faut bien que la Justice triomphe, que la Loi s'accomplisse malgré tout, car sans cela le monde lui-même pourrait être arrêté, mutilé, détruit, par le libre déduit de n'importe qui. Ce libre déduit ne serait que dérèglement et absurdité, et l'on a une propension absurde à l'admettre comme principe essentiel, à y croire comme vertu humaine, selon le dogme de la Liberté !...

Tout de nous donc tourne à Justice, et nous ne disposons devant le sort que de notre heur et de notre malheur, pour la sanc-

---

gent qu'on recherche au plus tôt les moyens de la rétablir, par l'étude des causes accidentelles qui en ont perverti l'action dans l'économie ou dans la santé sociale, et par l'application des remèdes *révolutionnaires*, c'est-à-dire convenables, normaux et réparateurs. C'est la science qui les fournit, et la science s'appelle ici Philosophie et Politique, ou Droit et Morale, comme elle s'appelle Hygiène et Médecine en d'autres cas.

Sans doute, si la Révolution n'existait pas, les crises ne pourraient avoir lieu, les perturbations seraient impossibles : il n'y a point de maladie là où la Vie cesse, est absente. Mais alors c'est néant, non-sens, et pour la Société ce serait tout précisément ce qu'on craint, la décomposition, le cadavre dévoré par les vers avant l'anéantissement général. Absurde! impossible rêve! L'Humanité ne peut cesser de vivre, et une société qui ne pourrait plus accomplir sa révolution mourrait ainsi que meurt un homme qui a perdu la force de remplir sa fonction vitale. Fouillez les cendres de Memphis, de Babylone, de l'ancienne Rome !... La Révolution leur a manqué; elles ont perdu le souffle.

Qu'on apprenne donc à ne plus confondre la Révolution, souverain bien : — conservation, garantie, progrès, force, ordre, paix et travail, — avec les crises qui ne sont que châtiments et maladies, et qu'on appelle *révolutions* parce qu'elles tendent à ramener l'état normal de la Révolution véritable, par le conflit même dont on souffre. Menaces intimes, malaises poignants, dangers de mort, ruptures de l'équilibre, grandes perturbations de la Vie, obstructions de la santé, nous font faire appel à la science, nous forcent à prendre conseils et soins, ce que nous négligeons trop de faire sans cela. Maudire la Révolution, et même les révolutions, ou maudire la Vie en soi, c'est tout un.

tion de la Loi même. C'est ce qu'on voulait exprimer en disant : « L'homme s'agite et Dieu le mène. » Mot de néant pur autrement.

La philosophie de l'histoire se trouve par là tout éclairée. Sans elle nul ne saurait comprendre ni le coup-d'état du 2 décembre, ni l'autorité singulière qu'il a reproduite.

Cette autorité personnelle, nécessaire à l'œuvre d'initiation, était la conséquence forcée de l'élimination des partis de la direction de l'Etat, et de la mise en rapport direct du gouvernement et du peuple, celui-ci fondant celui-là, celui-là lui devant raison sans intermédiaires, fictions ni mensonges. Il faut que l'initiation soit une en soi, puisque le peuple est divisé ; il faut qu'elle soit libre et puissante, comme il faut qu'elle soit responsable, pour qu'en somme elle soit efficace et qu'en tout elle soit légitime.

Donc, la réapparition en France d'une autorité *personnelle* était logique et progressive, avec des données pareilles, dans une telle situation. Elle est loin d'être le retour à l'absolutisme, au bon plaisir, à l'arbitraire. Elle est une soumission au contraire du gouvernement au peuple, au peuple seul couronné ; l'acte premier de l'un et de l'autre dans le droit réel, un engagement de vérité, une obligation à Justice (1). Les doctrines de tous les partis et toutes les fictions légales écartées, Prince et Peuple se tiennent en réalité, et de la responsabilité avouée du premier devant le second, ainsi que du consentement de celui-ci envers l'autre, il résulte qu'il y a contrat, reconnaissance et détermination de la Loi vivante supérieure à toutes les lois, de la nature au-dessus des conventions, et que l'arbitraire en toutes ses inspirations et tous ses procédés de juridiction prétendue, est condamné par le Prince dans le Prince même comme dans ses agents, et par le Peuple en son ensemble et tous ses membres. C'est la suppression de tous les règnes traditionnels dans le règne humain, non libéré certes, mais déjà libérateur ! C'est la responsabilité, de condition officielle, en chaque ordre et à chaque degré, chaque citoyen fonctionnant en raison de la suprématie populaire.

Les agents du pouvoir sont obligés envers lui, il est obligé envers le Souverain, qui est moins le peuple dans son suffrage

---

(1) La raison politique de l'Empire est la destruction de la foi et la nécessité du droit. Soumission des individus, des églises et des partis, des fidèles quelconques d'un culte séparé, à la conscience collective, à ce qui est déjà un dans l'Etat: l'intérêt public solidaire, le besoin commun d'ordre et de travail. César même est le sujet du peuple, et ne commande pas au peuple mais à tout ce qui s'oppose au peuple. Il soumet chacun au peuple, et non à lui. C'est la solidarité nationale qu'il figure et c'est l'harmonie sociale qu'il commence. S'il s'y trompe, il perd sa couronne...

que le peuple dans sa conscience, c'est-à-dire la Justice rigou-goureuse, le Droit réel imprescriptible, l'Opinion. Le *bon plaisir*, l'intérêt dynastique ou de parti, sont aujourd'hui répudiés, qualifiés félonie, sédition, crime capital, d'un côté comme de l'autre....

Le principe incontestable, explicite et constitutionnel, de la responsabilité de l'Empereur, de même que celui de l'autorité personnelle, sont des nécessités de la Révolution dans la phase où nous la voyons, des faits qui solidarisent le prince et le peuple dans l'œuvre initiale du droit nouveau, qui les assurent mutuel-lement contre le danger des procédés violents et des recours brutaux, révolutions ou coups-d'état. Ce sont deux éléments essentiels de la paix publique, de la stabilité, de l'ordre, dans la situation où nous sommes.

Que si l'initiation manquait de sens, restait ignorante elle aussi, ou se montrait mal intentionnée ; que si le vrai droit était négligé, mal servi, si la Justice demeurait en souffrance ; si le principe constitutionnel était oublié, méconnu, faussé ; alors, nulles acclamations inconsidérées n'y feraient rien ! Alors, pour essayer de rendre sa responsabilité illusoire ou fictive, le Prince se verrait entraîné dans les égarements de l'arbitraire, dans les errements d'un despotisme désormais plus impossible que jamais, sans issue : il perdrait pied dans la réalité, il s'évanouirait dans le vide. Le peuple alors rendrait bientôt la responsabilité effective en dé-nonçant le contrat formé, reniant la solidarité violée, se retirant, laissant crouler. Constituez donc, si vous le savez, un pouvoir quelconque, sans la foi ou sans l'opinion publique ! Ayez donc un trône sans assise ! Nul despotisme n'est plus possible, grâce à la mort du droit divin.

L'autorité personnelle et la responsabilité du Prince sont la conséquence du mandat populaire, et la meilleure sauvegarde du peuple sous le régime de sa souveraineté s'exerçant par délé-gation. La sujétion du Prince au Droit, son exonération de la foi, son assurance sur la vie, de même que le Progrès continu, paci-fique et indéfini, sont des conséquences de ces deux principes. Ce sont bien là deux caractères fondamentaux, ineffaçables, du régime révolutionnaire de l'initiation démocratique où la logique de l'histoire nous a conduits; de cette phase de transition suprême dans laquelle nous sommes entrés. Combattre ou nier ces deux principes actuels c'est saper l'Empire et l'Etat, c'est répudier le salut, de nouveau courir à la perdition (1).

---

(1) L'unanimité qui s'est faite contre le *pouvoir* PERSONNEL n'a aucun sens par ce seul mot. Le pouvoir « personnel » est bon s'il est juste autant que la Raison nationale. La Justice reste toujours elle-même.

Ainsi l'opposition fausse tout, le principe et la Constitution, prend le contre-pied de toute vérité. Elle trahit, sans que l'on s'en doute, autant le peuple que le gouvernement.

Et vis-à-vis de l'Eglise encore ! C'est elle aussi qui veut ruiner ce que la politique d'accord avec la nécessité ont refait, et replonger dans les ténèbres la France encore mal sauvée. C'est cette opposition qui prêche, qui revendique à journée faite une *séparation complète* (!!) de l'Eglise et de l'Etat au nom de la Démocratie!... Que ne demande-t-elle donc tout d'un coup la séparation de l'âme et du corps au nom de la Vie, de l'Existence!... En Démocratie, précisément, l'Etat ne diffère pas de l'Eglise et le Gouvernement n'est, ne peut être que le culte agrandi, sécularisé. Leur séparation fatale était le produit de la scission, de l'antagonisme et de l'ignorance, le conflit de l'absolutisme empiriquement nécessaire avant la rédemption du Droit et l'affirmation de la Conscience, ou l'Annonciation de l'Unité. Et l'opposition, qui poursuit comme article de foi libérale (avec force protestations de foi religieuse, de déisme en même temps !) l'application de plus en plus tranchée de ce soi-disant principe révolutionnaire, réclame à tue-tête cependant la soumission de l'Eglise au Gouvernement, quand celui-ci ne s'est pas encore identifié lui-même avec l'Etat démocratique, et que l'Eglise pour cette cause se trouve être vis-à-vis de lui la sauvegarde de cette Démocratie mise comme en plant dans la Constitution (1) !

Qu'elle soit le fait d'un, de plusieurs ou de tous, elle est, de soi, le bien commun. Qui donc combattrait la Justice, pour cela qu'elle revêtirait dans l'occasion un caractère personnel ? Les initiateurs sont-ils maudits, alors même qu'ils sont des rédempteurs?... C'est donc le *pouvoir arbitraire* seul que l'on combat, le pouvoir, personnel ou non, contraire à Justice. Car, s'il n'était pas personnel, mais de la même nature cependant, il serait aussi bien combattu.

(*Janvier* 1870).

(1) Ce mot, l'Etat, est un terme si peu compris encore, qu'on lui conserve en général le sens vague, indéterminé, qu'il eut dans l'ancien esprit politique, et à l'aide duquel, après avoir retourné l'oppression contre elle-même, on voulut la justifier de nouveau en soi, au seul profit des gouvernants, par la raison dite d'Etat. C'était d'abord une entité comprenant la nation et le roi, plus grande que le roi et la nation, et dont le concept fut pour cela révolutionnaire dans la monarchie, comme opposé au droit divin. Mais sous la souveraineté populaire, il ne pourrait plus être de la sorte qu'opposé au droit populaire, c'est-à-dire que contre-révolutionnaire. L'*Etat*, dans la Démocratie, est chose identique à la nation même, au temporel comme au spirituel du peuple, et ne doit plus être confondu avec le pouvoir. Le titre de *chef de l'Etat* a été abusivement donné à l'Empereur, et par les puritains de la démocratie eux-mêmes!

Ces larves de la Démocratie détruisent tout ce qu'elles touchent et n'ont que des instincts dévorants. Mieux vaut certainement mille fois l'instinct incompris mais plus droit, le génie égaré mais dévoué, de tant d'auxiliaires inattendus qui ont fait conversion vers l'Eglise et servent la Démocratie sans y croire : avec le protestant Guizot, le libéral et sceptique Villemain, d'autres doctrinaires les suivant (Cousin, Thiers, dit-on aujourd'hui, et tant d'humbles inconnus qui font masse !) Et le général Lamoricière, ancien ministre de la République, héros aimé de la jeune France, payant à la papauté en détresse le tribut d'une gloire compromise. Et même les croisés de Castelfidardo, qui n'étaient pas tous des petits saints, mais dont beaucoup étaient des preux, fils de cette vieille noblesse française qui se sent encore *obligée*, et qui a fait plus qu'elle ne sait en versant son plus jeune sang en oblation, non à son Eglise, mais à la liberté humaine, en hommage à la Révolution. Oui, mille fois mieux valent ces gages donnés comme allégeance et serment de suprématie à la Démocratie mineure, au nom de la Résistance de l'Eglise en face de l'Absolutisme menaçant.

Et mieux vaut l'Eglise elle-même, malgré son erreur entêtée condamnant *les erreurs modernes* en confondant le juste dans l'injuste et fulminant des bulles gothiques ; mieux vaut l'Eglise,

---

L'Etat réel, l'Etat démocratique n'a pas de chef. L'Empereur n'est que le chef de son gouvernement.

Quant à la séparation de l'Eglise et à sa soumission, vœux contradictoires de tant de libéraux, elles sont également irréalisables dans l'Etat.

Je viens de lire un bon article de M. Neftzer dans le *Temps*, au sujet de la commission instituée pour « la liberté de l'enseignement supérieur », sous la présidence de M. Guizot. Le *Temps* s'alarme, et, paraît-il, le *Journal des Débats* de même, du danger qu'il y a de voir tourner cette liberté de l'enseignement au profit du cléricalisme. Ces feuilles attribuent le danger au caractère réputé d'un grand nombre des membres choisis. Mais si l'on veut la liberté de l'enseignement supérieur, quel que soit le caractère particulier de ceux qui la décideront, ce sera bien toujours la liberté, dont les effets favoriseront quand même la puissante influence cléricale en lui livrant la plus grande part de l'enseignement supérieur. Le danger qu'on redoute n'est donc précisément que dans la liberté.

Pourquoi toujours se laisser reprendre à ce faux principe ? Pourquoi ne pas se tenir enfin dans la raison démocratique, l'unité révolutionnaire à laquelle il faut tout rapporter ? Exposez la Philosophie, la Morale et le Droit *un* de la Démocratie ; faites-en la parfaite politique du gouvernement et les mœurs salutaires de la nation ; que l'Etat tout entier soit soumis à sa Loi, à la Justice ; l'Eglise aussi s'y soumettra, en s'identifiant à l'Etat, ce qui est sa fin nécessaire, la fin commune.

(**2 mars** 1870).

qui ne peut plus être l'absolutisme, elle, quoi qu'elle dise et quoi qu'elle fasse : elle en est devenue le contraire dans son influence sur le siècle et par sa position de combat ; mieux vaut l'Eglise qui reflète les éclairs de l'esprit et se ressouvient de quelques élans du pur Verbe de l'Humanité ; qui nous garantit délivrance, et dont la fiction religieuse rassemble encore heureusement les peuples de la nouvelle Loi sous le signe de la foi ancienne, pour opposer une digue plus sûre à tant de débordements possibles. Sainte Eglise ! elle ne sait point qu'elle porte ainsi l'esprit des temps, et que c'est en lui seul simplement qu'elle se peut dire éternelle dans l'Assemblée de ses fidèles, la Catholicité du monde. Elle ignore ce que son flanc recèle, et elle le défend pourtant, comme une sauvage, vaillante, sûre et bonne mère, invincible jusqu'à cette naissance qui sera pour elle la mort !...

Rien n'est plus révolutionnaire que l'esprit. C'est même l'esprit seul qui est révolutionnaire. L'Eglise ayant repris le Spirituel comme enseigne dans les contestations de cette époque, redevient donc, comme à ses origines, *la grande Révolutionnaire*. Elle l'est encore par excellence, sur un mode inverse seulement : elle est aujourd'hui l'âme résistante, passive, comme elle était autrefois l'âme entreprenante, active, de la Révolution sacrée, mais avec la même constance et la même invulnérabilité... (1).

Que le lecteur juge après cela de la question religieuse (question fondamentale, pivotale) des rapports de l'Eglise et de l'Etat ; de la *Question romaine* actuelle. Elle contient la Question napoléonienne, comme la Question révolutionnaire les contient toutes les deux.

----

(1) Voir ci-après la *note finale*.

NOTE FINALE.

Avec quelle accélération les choses marchent par devant les idées ! Nous sommes au siècle des progressions géométriques.

Les journaux de ce jour (1ᵉʳ mars 1870) contiennent la note suivante :

« Des correspondances assurent qu'on s'attend à une nouvelle démarche du Cabinet des Tuileries dans le but de détourner le Saint-Siége et le Concile de toute résolution susceptible de porter atteinte aux *principes du droit public français.* »

D'autres puissances ont fait de semblables démarches, au nom de leur droit public aussi.

De quoi s'agit-il? D'empêcher la proclamation du dogme de l'infaillibilité personnelle du Pape, projet combattu à Rome même si ardemment par tant de prélats renommés.

Mais quels sont les principes du droit public invoqués ? Ce sont ceux de la reconnaissance de l'église et de la foi absolutiste établissant, par une entente avec le Pape, la domination sur le peuple à l'aide de *concordats* qui en partagent l'exercice combiné ! Si bien que c'est la concorde avec le Pape qu'on veut maintenir malgré lui-même. Lui entend rompre avec les gouvernements, proclamer sa suprématie sur eux ou prononcer leur *séparation absolue.* Eux ne veulent pas rompre avec lui, ils veulent soutenir le pacte de Charlemagne bien que le Saint-Empire soit détruit et ne puisse être remplacé. Ils n'osent point proclamer la suprématie révolutionnaire, mais ils osent garder le contrat vermoulu de l'Etat et de l'Eglise contre la Démocratie (même en France) ! et conserver précieusement les concordats de l'absolutisme sur les nations...

Le gouvernement français, pour ce qui le concerne, représentant la souveraineté populaire, n'étant que par elle, soutient des principes virtuellement condamnés, qui aujourd'hui sont opposés précisément au *droit public* basé sur le suffrage universel. Le Pape marche à sa fin logique, l'Empire français tourne le dos à la sienne. Le Pape, qui ne reconnaît pas le nouveau Droit, lui rend, par opposition, plus de services, en le forçant à se dégager et à s'affirmer par opposition. Il est révolutionnaire sans le vouloir, comme je l'ai dit ; et l'Empire voudrait être contre-révolutionnaire, sans le pouvoir.

Je ne raisonnerai pas longuement ici du dogme de l'infaillibilité en soi. Si l'assistance du Saint-Esprit rend seule l'Eglise infaillible, pourquoi le Pape ne serait-il pas personnellement infaillible au bénéfice de la même assistance? Cela doit suffire aux croyants. Et si l'autorité de l'Eglise ne peut pas être discutée, pourquoi celle du Pape le pourrait-elle être? quel choix à faire entre l'absolutisme papal et l'absolutisme épiscopal? qu'importe au peuple le despotisme consacré en un seul ou le despotisme se consacrant en plusieurs? l'autocratie ou l'oligarchie de droit divin? le cléricalisme orthodoxe ou hétérodoxe? le peuple serf étant toujours tenu de foi. Cela doit suffire aux fidèles.

Le reste est le souci des docteurs, et ce souci se complique et *se corse* de mille et mille... niaiseries :

Un Pape qui se prétend personnellement infaillible, et qui a besoin de le faire décider infailliblement par le Concile, qu'il ne reconnaît pas infaillible !

Des évêques opposants qui professent que le Pape en Concile est en effet infaillible, et qui ne reconnaissent pas que le Concile, avec le Pape, puisse prononcer infailliblement sur l'infaillibilité !

Le Concile lui-même, qui entend bien décider infailliblement, mais tout juste qu'il n'est pas infaillible !

Un dogme d'infaillibilité impliquant que tous les papes ont été personnellement infaillibles, que les Conciles ne l'étaient point, et renversant, pour édifier ce monde présent, scandaleusement toute logique et toute morale, dans l'Eglise comme dans l'histoire du monde passé ! reniant les Pères !

Le Pape déclaré infaillible, et mis ainsi au-dessus des Concordats, bien que les papes qui les ont conclus aient dû agir infailliblement en les contractant !... ce qui réduit l'infaillibilité à néant par le non-sens et la contradiction...

Une réduction à l'absurde de l'orthodoxie, une orthodoxie de l'absurde !...

Ne sont-ce pas là de vrais miracles de l'Esprit saint? ou bien de cette prodigieuse sottise de la doctrine absolutiste qui, après avoir fait dire à un homme « l'Etat c'est moi, » fait dire à un autre homme « l'Eglise c'est moi » ?

M. Rouher a cru aussi en son infaillibilité personnelle, quand il soutint n'avoir pas commis une seule faute, pensant se tirer de l'écrasante affaire du Mexique en accusant tout bonnement

Dieu d'avoir été son complice infidèle et mal inspiré. Le Pape en sera-t-il réduit à son tour à la ressource d'accuser son Dieu d'incapacité et de mauvaise foi, quand son infaillibilité le perdra?...

Mais je ne veux examiner ce débat qu'au point de vue de sa portée dans le temps et de sa raison dans les choses. Or je pense qu'il est logique et nécessaire que l'infaillibilité personnelle du Pape soit proclamée, — logique et nécessaire pour l'Eglise, logique et nécessaire pour la Révolution. Il est de règle que toutes les erreurs, de nature utiles à la formation de la Vérité, se résolvent en définitive logiquement par l'absurde, pour servir à la délivrance logique de la Raison.

Il faut de l'unité dans la foi et de l'unité dans l'Eglise. Cette unité résultait jusqu'ici de la croyance universelle en la suprématie de Rome, fille de la vieille tradition messianique et césarienne dont l'Eglise était l'héritière instituée devant le monde scellé pour elle et gardé pour elle par César. Contre cette unité de puissance et de fait, les schismes, même au sein de l'Eglise, ne purent rien. C'était la foi qui décidait de la suprématie, et la foi une n'étant qu'en Rome, Rome seule faisait l'unité de l'Eglise, unité indispensable à la primitive unité du mouvement humain lui-même. Le Catholicisme n'était qu'en Rome, préservé par l'Empire catholique romain.

Mais Rome est-elle encore aujourd'hui l'objet de la foi universelle? Rome a-t-elle gardé le caractère messianique et césarien au milieu des révolutions accomplies? Rome est-elle encore nécessaire ou n'est-elle pas bien plutôt opposée à l'unité des hommes dans le mouvement du progrès moderne? La Rome sacrée existe-t-elle encore chez les peuples? Le Pape miné n'est plus soutenu dans ses ombres obscurcies que par des forces ramassées, soudoyées par la politique, par des charités humiliantes et par des intérêts de castes, forces indifférentes à la croyance, infidèles même en leur emploi. Rome est presque exilée de l'Eglise et le Pape est presque exilé de Rome. L'Eglise est comme une âme sans corps, le Pape est comme un corps sans âme. L'Unité dite Catholique est défunte. Un Dieu, une Foi, une Eglise : cela n'est plus vrai en vertu de Rome seule. La destruction du Saint-Empire germanique (à Sadowa) a détruit les restes mêmes du grand Concordat, ruiné à fond le pacte de Charlemagne, qui maintenait Rome dans la Souveraineté. Le dualisme chrétien est usé ; il faut affirmer l'unité contre lui, c'est-à-dire à la fois contre l'Empire et contre Rome, **pour tâcher de demeurer**, s'il se peut, Catholique !

Car comment ici rétablir en effet l'unité? On ne peut plus la rétablir que sans Rome, l'établir qu'au-dessus de Rome, l'établir qu'en dépouillant Rome, contre Rome, dis-je, ce qui sera la con-

séquence immédiate, on le verra, de l'infaillibilité personnelle.
Il faut tenter de faire l'unité dans l'Homme, par le dogme du Pape
infaillible, du Pape type et modèle de l'Homme, et rattacher tout
à cet homme après l'avoir détaché de tout, pour que l'on puisse
redire encore : Un Dieu, une Foi, une Eglise ! et pour que l'on
puisse éprouver ce modèle, le corriger ou s'en corriger... selon la
vie. Le Pape, ainsi seulement, pourra lui-même conserver encore
quelque vertu d'enseignement avec quelque efficacité dans son
rôle, en disant, au nom de son Eglise, pour l'assurance de ses
fidèles ou pour le plus grand bien des générations libérées :

Rome n'est plus dans Rome, elle est toute où je suis !

Tout sera rassemblé en lui et c'est en lui qu'il faudra vaincre
le Catholicisme retranché que la chute de Rome ne suffit pas à
faire capituler encore.

Cette unité de combat final et cette leçon d'unité, cela ne con-
vient-il pas à la Révolution, qui cherche encore sa propre unité
et qui, au nom de l'Homme incarné, placée enfin devant une
simple incarnation dépouillée du prestige romain, des vieilles
traditions séductrices de la foi et de l'appui de l'ordre sécu-
lier, sera mise en demeure de l'ausculter délibérément, de
scruter son esprit divin et de réduire son Dieu à lui, pour se
prouver à elle-même la raison de l'infaillibilité, — ou bien l'infaillibilité de la Raison. La Rome céleste résistera-t-elle mieux
que la Rome terrestre détrônée, à cette investigation rigoureuse ?..
Il ne lui suffira plus de déclamer : *Roma locuta est, Causa finita
est.* Rome aura été condamnée, écrasée à jamais sous le poids de
son *credo quia absurdum.*

Il faut aussi de l'unité dans le Droit et de l'unité dans la Révolution. Les embarras de la Révolution, qui causent nos perturbations politiques et engendrent nos calamités sociales, ne proviennent pas des doctrines, à elle étrangères, qu'on lui oppose,
ni des dogmes qui l'excommunient (cela la sert !) Ils viennent de ce
qu'elle entretient en elle-même d'hétérogène et de vicieux, de tant
d'articles de foi qu'elle choye encore, contradictoires à sa vertu
et opposés à sa raison autant qu'au vœu de sa nature. Elle a le
venin du droit divin inoculé ; elle souffre du mal épidémique de
l'absolutisme répercuté. Elle n'a pas de philosophie faite, de morale suivie, de culte consacré, d'organisme, de santé, d'unité
même profilée, ce qui fait que sa politique mixte, trompeuse,
frappée de contagion, ressemble à toutes les fausses politiques et
n'inspire ni la foi aux sceptiques, ni la certitude aux confiants, ni
la confiance aux convaincus ; que, sans principe sûr, elle n'apparaît à tous ensemble que comme une destruction bonne pour les
uns, funeste pour les autres, toujours invoquée et toujours redoutée

en ses actes. Il faut qu'elle comprenne sa Loi, qu'elle forme sa Conscience et constitue son Unité, sa Philosophie, sa Morale et son Culte, en en désagrégeant enfin tous les contraires. Il faut qu'elle abatte ses croûtes, s'expurge des préjudiciables traditions, dépouille, elle aussi, *ce qui est de Rome*. C'est le Droit seul qui peut décider de sa suprématie à elle : il faut qu'elle fasse son Droit, qu'elle en détermine en tout la logique et révèle dans le monde racheté, devant l'Eglise surpassée, la grande synthèse de sa pure Justice.

Les extrêmes, antinomiques, servent à leurs contraires et se détruisent de leurs propres effets. Leur logique d'absolu ne va qu'à leur suicide. Que la Révolution s'en convainque ! La Justice, elle, n'a pas d'extrêmes et n'est pas une antinomie. Au moment où le Pape lance l'anathème sur ceux qui nient la compatibilité des deux pouvoirs entre ses mains, ses mains perdent l'un et l'autre pouvoirs. Qu'il en raisonne la compatibilité tant qu'il veut ! C'est à nous de montrer qu'elle existe en effet, mais dans la Révolution seulement. L'Eglise et le Pape ont toute l'histoire contre eux, le passé comme le présent de la vie de l'Homme.

Mais l'Homme soit loué ! Le Pape enfin pose nettement le dilemme de : foi ou Raison, loi ou Droit, divinité ou Humanité, entre les deux crochets duquel la Révolution déchirée s'agite depuis si longtemps affolée, sans savoir, hélas ! se décider. Il faudra bien maintenant qu'elle se décide. Elle est dans la matrice de l'Eglise et l'heure de la délivrance est venue. La mère ni l'enfant ne mourront en ce dilemme de vie ou de mort, mais l'enfant régénèrera la mère. C'est à nous d'accoucher la rebelle encore provocatrice de combats, de la vaincre et de la convaincre pour la vouer à sa tâche naturelle qui est l'allaitement et l'adoration de la Vérité triomphante. J'affirme la conversion de l'Eglise en la Révolution délivrée d'elle. J'affirme son dévouement et son amour pour la Justice devenue l'unique suzeraine de la démocratie maîtresse de la volonté de Dieu et fidèle à l'éternelle loi du monde. J'affirme que l'unité fictive qui résultait de l'apparente unanimité dans la foi est morte ; que l'unité personnelle, logique, va rompre même l'apparente unanimité dans la foi, préparer la véritable unanimité dans la Raison, faire l'unité dans la Révolution. La foi de son essence propre est diverse comme l'erreur et l'ignorance. Elle n'a qu'une unité de condition empruntée à logique, à raison. La Raison seule est *une*, et la condition même de la foi pousse celle-ci à l'unité libératrice de la Raison !...

Des révolutionnaires sans doute riront de mon affirmation singulière. Je leur demanderai, en ce cas, ce qu'ils attendent de leurs prétentions sur la vie, s'ils ne comptent point y rattacher l'Eglise ? et quel espoir ils peuvent fonder en la raison qui les conduit, s'ils doutent d'y rallier l'âme des âmes ?

Des cléricaux riront bien plus de cette « outrecuidante présomption ». Je demanderai à ceux-là sur quoi repose leur outrecuidance? Ils n'ont pas su distinguer, pendant vingt siècles, le spirituel du temporel dans la réalité des choses. Ils sont le contraire de ce qu'ils croient être, et, de fait, déjà convertis autant et plus que la majorité des humains. L'achèvement de leur conversion est le but marqué de tout ce qu'ils font aussi bien que de tout ce qui se fait contre eux. Les prêtres se convertissent toujours à l'esprit qui régit les temps, dès qu'ils y ont reconnu l'Esprit. Ils en sont les derniers pénétrés, ils y pénètrent les premiers.

L'Eglise est déjà disloquée, même en son for intérieur. Ses politiques retardataires, à contre-sens du mouvement, travaillent pour qu'elle ne renonce pas encore au monde, à Satan, à ses pompes, à ses œuvres, et pour que le Concile compose avec ce que la foi *une* condamne; c'est-à-dire qu'ils persistent à vouloir laisser tout en décomposition dans l'Eglise comme dans l'Etat. On les appelle « les libéraux » à Rome et « les libéraux » de Paris les appuient! Les uns et les autres craignent la foi, cette foi qui transporte les montagnes, et craignent la Révolution, cette Révolution qui les aplanit. Ils veulent l'exploitation du Champ avec la tonte du troupeau sans songer au fonds après eux : ils se sacrifient la terre et la chair. La Révolution comme la foi les réprouve. Ils sont les pires loups ravissants.

Leur foi obtuse et leur politique émoussée nous feraient tomber *très-infailliblement*, grâce aux circonstances nouvelles, dans les *religions d'Etat*, au plus grand dam de la Catholicité positive qui est la civilisation tout entière.

Ce parlementarisme clérical servirait le despotisme civil et le doctrinarisme politique, en prolongeant l'ilotisme du peuple, le chaos de toutes les idées, la subversion de la démocratie; tandis que l'antagonisme papal clair et franc pose et résoudra le problème. Comment se trompe-t-on sur le choix à faire, même parmi les dévoués de la nation? Est-ce que l'unité de la démocratie peut avoir pour germe autre chose que cette unité finale de l'Eglise? l'Eglise en graine, la seule graine d'unité?...

Le sophisme de la liberté cause tous les maux. C'est lui qui nous menace encore maintenant d'une concorde absolutiste plus intime et plus dissolvante: tous les contre-révolutionnaires se conjurant au moment où le Pape autocrate les abjure. Mieux vaut ce Pape monothélite en son hérésie majeure et dernière, que tous ces partisans monstrueux de sociétés particulières bicéphales, en présence d'une Eglise universelle acéphale (1)!

_____

(1) A l'instant où je corrige cette note, je lis l'extrait d'une lettre en date du 18 janvier et une lettre textuelle en date du 5 février, adressées

Le danger d'un absolutisme Césarien écrasant avait rejeté dans l'Eglise un grand nombre d'éléments qui ne sont pas d'elle. Le danger d'un absolutisme papal étouffant, ramènera ces éléments craintifs mais bons. L'Empire, devant l'Eglise réconfortée, perdait toute virtualité d'absorption et se trouvait condamné à mourir. La Papauté, devant l'autonomie nationale reconquise ou l'affranchissement du suffrage populaire, perd aussi toute puissance d'absorption et se trouve dévouée à la mort. Les restes résumés des deux pouvoirs traditionnels s'effacent partout par une disparition commune. L'Autriche comme la France proteste. L'Empire germanique époux de Rome et la Fille aînée de l'Eglise sont d'accord dans une même opposition au Saint-Siége. Mais en vain ! Spirituel et Temporel sont à vau l'eau.

Les financiers de leur côté, autres pontifes du veau d'or, protestent aussi : la Bourse baisse. Elle craint, si les troupes reviennent de Rome, qu'on les dirige vers le Rhin !... Elle ne sait pas

---

par M. Daru à l'un des prélats français qui siégent au Concile. Je voudrais reproduire tout cela en confirmatioù de mes dires et j'appelle l'attention sur ces documents, publiés d'abord par le *Times*. Je marquerai seulement qu'au nom de « la force Conservatrice, » M. Daru dénonce « le péril révolutionnaire » imminent et accuse « l'aveugle Rome » de poursuivre « un acte insensé ; » qu'il lui reproche de « briser le pacte qui *nous* unit » et déclare qu'il lui représentera sans cesse « le danger de la position dans laquelle elle se place et *nous* place ; » qu'enfin il remontre solennellement au Pape que « le maintien de notre garnison à Rome, l'arrangement des affaires financières du Saint-Siége, le respect des engagements concordataires » nous deviendraient absolument impossibles et que « tout serait remis en question » le lendemain du jour où le dogme de l'infaillibilité serait proclamé.

Je ne me réjouis pas des craintes de M. Daru ; j'avoue hautement qu'elles sont fondées ; mais je lui dirai simplement : « Vous vous opposez, en vain, à la force des choses et à la logique des idées. Sachez donc être ce que les circonstances exigent que vous soyez, un ministre conservateur, mais conservateur de la Révolution. Quel titre possédez-vous autrement? C'est vrai, vous ne pourrez plus soutenir le Pape infaillible, des soldats de la France à Rome, mais vous vous reconnaîtrez obligé de lui offrir un digne asile en France, l'asile préparé par l'histoire. Et c'est précisément ce qu'il nous faut. »

Il a fallu garantir Rome afin de ne pas tomber dans l'abîme sans fond des *religions d'Etat*. Maintenant que Rome ne suffit plus à la religion du Pape lui-même, il faudra bien garantir le Pape... par l'impérieuse et nécessaire raison du JAMAIS arraché à M. Rouher.

Si j'étais le ministère actuel, je déciderais, sans aucun débat avec Rome, sans envoi de plénipotentiaire : 1° Le retrait des troupes françaises ; 2° l'interdiction à tout citoyen français de rester au service romain ; 3° l'abolition de la Convention de septembre. Puis je ferais offrir au Pape un sauf-conduit, et le refuge d'Avignon mis en état pour le recevoir. Et je laisserais aller les choses.

que la question de Rome et la question du Rhin sont connexes, qu'elles se résolvent ensemble. La question du Rhin n'existe plus depuis la victoire de la Prusse, hier ; celle de Rome n'existera plus après la déclaration d'infaillibilité, demain. Ce n'est pas de la guerre, c'est de la paix !...

Que la Révolution rassure les hommes contre la crainte de leur propre néant ou contre la terreur d'eux-mêmes. Qu'elle montre sa sagesse et sa science. Qu'elle ait le génie rédempteur.

A la Démocratie de paître enfin les peuples, en chantant à leur cœur ravi l'Epopée merveilleuse de la Jeune Humanité délivrée pour la pacification perpétuelle !

IMPRIMERIE E. CHENU, RUE CROIX-DE-BOIS, 21, A ORLÉANS.